Sisyphos & Bumerang

Vorwort

Auch wenn man über Jahre hinweg bei verschiedensten Gelegenheiten zu ganz unterschiedlichen Themen spricht oder schreibt, gibt es so etwas wie ein gemeinsames Grundgefühl, das die einzelnen Texte untereinander verbindet. Für dieses Grundgefühl steht der etwas kryptische Titel »Sisyphos und Bumerang«. Jeder weiß, daß einen manchmal Wörter anfliegen und sich einnisten. Für mich beschreibt die Formel einen Zustand, der sich in den letzten Jahren verdichtet hat und zur ›condition humaine‹ der Gegenwartsbefindlichkeit gehört. Dieses Gefühl, nicht mehr herauszukommen, im System festzustecken und dennoch weiterzumachen. Und immer, wenn man zum Befreiungsschlag ausholt und ein Problem von sich wegschleudern will, kehrt es mit der Präzision des Jagdinstruments von ›Down Under‹ zum Ausgangspunkt zurück. Wenn man die Prozedur so insistent wie der mythische Sisyphos sein Steinwälzen betreibt, hat man gute Chancen, sich auf diese Weise selbst zur Strecke zu bringen.

Die Systeme, die unser Leben bis ins Detail bestimmen, haben sich in jüngster Zeit perfektioniert. Ein Kartell der Mittelmäßigkeit, das aus Individuen Massenware und eifrige Automaten werden läßt.

Doch man sollte versuchen, es von der positiven Seite zu sehen. Im Käfig der Standards ist Nonkonformismus Pflicht, um der Falle der Vereinnahmung zu entgehen. Und fast alle der Figuren, Werke, Räume und Phänomene, die in diesem Buch vorkommen, sind absurde, wütende Bumerangwürfe in der utopischen Annahme, die Mechanik des Stumpfsinns für Augenblicke zu durchbrechen. Die sprachliche Glätte mag dabei gelegentlich Schaden genommen haben – ich wollte dies nicht im nachhinein retouchieren.

Da dieses Bändchen keine wissenschaftlichen Absichten hat, wird auf Fußnoten und Quellenangaben weitgehend verzichtet. Aber mit ein wenig (Sisyphos-)Arbeit lassen sich alle Zitate rasch finden.

Jan Kühnel und Ida Tschichoflos, die sich mit meinen Manuskripten herumgeschlagen haben, sei herzlich gedankt.

Jürgen Wertheimer Tübingen, im März 2006

Inhaltsverzeichnis

Warum die Welt Literatur braucht

Warum braucht die Welt Literatur? So heißt die Frage, und ich gebe mir zwanzig Minuten, sie zu beantworten. Das sollte mehr als genug Zeit sein, um eine solch einfache Frage zu beantworten. Also rasch und ohne lange Vorreden zur Sache.

Nehmen Sie *Effi Briest*, unsere arme, liebe Effi von Theodor Fontane. Sie erinnern sich intensiv an den Film von Fassbinder und vielleicht auch an die Stimmungen im Roman. Und schon ist die Frage beantwortet. Denn wenn man begriffen hat, wirklich begriffen hat, was das Besondere, ja Einzigartige von Literatur ausmacht, ist die Frage, wozu man sie braucht, eigentlich schon mitbeantwortet.

Die Zahl der unglücklichen, streng hierarchisch geordneten Ehen des 19. Jahrhunderts war Legion – in unseren Fotokisten taucht meist noch irgendein urgroßväterlich bartgezwirbeltes, ausgebleichtes Hochzeitsfoto auf, auf dem zwei festlich gekleidete, sich spürbar fremde Menschen nebeneinander, übereinander ausgerichtet sind. Die Braut einen halben bis einen Kopf tiefer, der Bräutigam meistens irgendwie linkisch-ernst und verloren darüber. Wenn alles so lief, daß man sagt, es war eine gute Ehe, dauerte dieser Zustand seine dreißig, vierzig Jahre und verhalf im Durchschnitt 3,7 Menschen zu neuem Leben.

Lange Zeit wußte ich nicht so recht, weshalb Fotografien dieser Art mir immer ein etwas unbehagliches Gefühl vermittelten. Bis ich auf die Geschichte der *Effi Briest* kam und jenseits aller Zahlenwerke, Statistiken, sozialgeschichtlichen oder kulturwissenschaftlichen Erörterungen, jenseits aber auch allen unscharfen familiären Halberinnerns sehr genau, vermutlich genauer als Effi selbst, lesend etwas vom Grund dieser Tristesse begriff.

Mit ein wenig Sympathie, aber ohne jede anbiedernde Identifikation, vermittelt uns der Erzähler nämlich Innenansichten einer bürgerlichen Durchschnittsehe kurz vor der Jahrhundertwende. Der Gatte: Kein Monster, sondern ein Mustergatte. Die Frau: Keine Heilige, sondern eine junge Frau mit Reflexen der Natürlichkeit, Spontaneität, kleinen Verrücktheiten und voller Bedürfnis nach Zuwendung. Keine schwärmerische Passion, aber viel guter Wille zu lieben und geliebt zu werden. Warum nicht?

Doch das ›System Ehe‹, und *dies* erzählt Fontane, läßt Zug um Zug und zunächst fast unspürbar aus Ängstlichkeit Angst, aus verspieltem Mutwillen verstörende Irritation werden. Es passiert nichts Bedeutendes, eine kleine Liebelei. Keine Eifersucht, kein Affekt – ein Gesellschaftszwang führt in eine erste Katastrophe, – ein Duell aus Pflichtgefühl. Und eine zweite Katastrophe schließt sich an: die allmähliche Auslöschung, die Degradierung eines Menschen, Effis, zur Unfigur, und das Schlimmste, ihr Tod von innen heraus. Ganz ohne Aufstand, ohne Schock! Fast so, als ob es sich gehörte, zu sterben. Am Ende ist die Ordnung wiederhergestellt, als ob nie etwas vorgefallen wäre.

Ich erzähle dieses Vorgängliche, weil ich verdeutlichen möchte, was das Wesen der Literatur, von guter Literatur ausmacht: Es ist, als ob wir plötzlich einen Röntgenblick bekämen und unter die Zement- oder Marmordecken all des Nichtgesagten, des Ausgesparten blicken könnten. Zugespitzt und vertieft, – denn jeder Autor von Format versteht es, das Phänomen, also das, was im Zentrum seiner jeweiligen Arbeit steht, einerseits zu *verdichten*, andererseits *komplexer* darzustellen.

Wie viele solcher Ehen mag es gegeben haben? – Im Normalfall sind sie irgendwie im Sand verlaufen: das wirkliche Modell zu Effi zum Beispiel lebte bis in die Adenauerzeit und wurde neunzig. Ihr Ex-Mann machte die unvermeidliche Karriere und starb lange vor ihr. Fontane, wie jeder gute Geschichtenerzähler, dramatisierte drastisch, suchte den forcierten Effekt, wobei die Grenze zwischen Effekthascherei und Affekt, zwischen Animation und Beseelung oft nur ein paar Worte breit ist: »Arme Effi« – das geht an, ein Wort mehr und man landete im Kitsch.

Fast noch wichtiger aber ist hier der andere Aspekt: der der Komplizierung, der Öffnung der Wahrnehmung zugunsten einer komplexen, widersprüchlichen Wirklichkeit durch die Literatur. Oder, noch anders gesagt, ihre hemmungslose Indezentheit, Unberechenbarkeit und Überraschungssüchtigkeit; immer eine Drehung, die man nicht oder nicht so erwartet, eine ›Übertreibung‹, die verärgert oder frappiert, ein Blickwinkel jenseits aller Abmachung.

»Als Gregor Samsa eines Morgens aus unruhigen Träumen erwachte, fand er sich in seinem Bett zu einem ungeheuren Ungeziefer verwandelt« – Wer hätte je mit solch einer unbekümmerten, provokanten Selbstverständlichkeit an den Grenzen der üblicherweise akzeptierten Normalbefindlichkeit vorbeierzählt, wie dies Kafka bereits im ersten Satz seiner berühmten Erzählung *Die Verwandlung* tat. Und schon beginnt es im Kopf, auch dem des Lesers, zu arbeiten:

Wie kann das denn sein? Meint der das wirklich so? Oder nur ›metaphorisch‹ – oder schlicht: Ist er verrückt?

Wobei das Wahn-Sinnige bei Kafka bekanntlich darin besteht, daß seine Figuren, ähnlich übrigens, wie wir häufig auch, absurdeste Zumutungen in einer Mischung von Trägheit und Routine mit großer Gelassenheit über sich ergehen lassen und bei der eigenen Auslöschung sogar noch wichtigtuerisch mitmischen. Das ist vermutlich das Zeitlos-Moderne an ihm.

Indem sie solche Verhaltensmuster nicht einfach aufgeregt anprangert, sondern gegen den Strich der Erwartung, gegen die standardisierte, etablierte Norm ganz neu in Szene setzt, vermag die Literatur es, uns Erfahrungen der besonderen Art zu vermitteln, sie nicht zu behaupten, sondern sie anschaulich zu machen. Sie läßt sich Zeit oder beschleunigt zeitrafferartig, abstrahiert oder macht konkret, erklärt oder deutet an.

Ein gutes literarisches Werk ist im Idealfall eine solch wunderbar gewebte ›Textur‹, durch die nichts verdeckt oder verdunkelt, verhängt oder verblendet wird, sondern bei der die Wahrheit über die Befindlichkeit von Figuren, Autor und Leser transparent durchschimmert.

Ich bin der festen Überzeugung, daß dieses Potential in Zeiten der systematischen, medial gestützten Verscheuklappung der Menschen heute wichtiger denn je ist. Politische Diskurse, weltanschauliche Diskurse, religiöse, ökonomische Diskurse: Alle versuchen sie, uns gefällige Einfältigkeiten zu verkaufen. Und ganz allmählich haben wir uns daran gewöhnt, diese legobausteinartig zurechtgestanzten Module als unvermeidbar hinzunehmen. Christopher Jan Baethge verweist in seiner klugen Dokumentation *Amerika. Blicke* auf wachsende »Ambivalenzintoleranz«.

Gemäß dem Motto ›für jedes komplexe Problem muß es eine einfache, saubere Lösung geben‹ werden die größten Torheiten erfolgreich kommuniziert. Und sage niemand, dies sei eine Pauschalisierung, die doch nur das triviale Segment oder vielleicht nur die Vereinigten Staaten betreffe. Auf der Grundlage unserer verbissenen Sucht nach Effizienz bedienen wir uns doch nur zu gerne der Schema-F-artigen Verkürzung, powerpointknapp, skelettierte Infos, die imaginäre ›Quote‹ als omnipräsenten Leitmythos im Kopf.

Die Literatur, und eigentlich fast nur mehr sie, bildet den größtmöglichen Counterpart zu kollektiven Denk- und Gefühlsblockaden. Die Politiker aller Zeiten wollten ja vermutlich immer schon am liebsten das, was *sie* ›mündige Bürger‹ nannten: etwas leicht Kontrollierbares, Zufriedenes, Wohliges. Die antike Polis wollte züchtig-gehorsame Mädchen. Sophokles aber schrieb *Antigone*. Und während die Aufklärung am liebsten lauter kleine Modellmenschen mit stereotypen Modellgefühlen gezimmert hätte, entwarf Goethe im *Werther* eine der widersprüchlichsten und wunderlichsten Individualisten der Literaturgeschichte: Egomane und Idealist, ›Asozialer‹ und Altruist in einem. Und – man brauchte diesen ideologischen Blindgänger und Irrläufer ganz offensichtlich – Zehntausende, die ebenso uneins mit der Gesellschaft waren, liebten, verehrten, imitierten ihn.

Literatur, große Literatur ist immer auf der ›falschen‹ Seite. Jedenfalls von denen aus gesehen, die grundsätzlich davon ausgehen, daß die Seite, auf der sie stehen, die richtige ist. Trotzdem sind die Autoren und ihre Lieblingsfiguren keine Geisterfahrer: im Gegenteil, *Lesen* macht nicht unbedingt bessere Menschen, aber mit Sicherheit solche, die im besten Fall etwas phantasievoller und mutiger sind, weil sie sich auf das Spiel mit Gesinnungsbauteilen und Ideen-

Bruchstücken einlassen. Lessing, Schiller, Eco und Calvino, Perec und Arno Schmidt haben es immer wieder gezeigt: Literatur braucht und macht das, wovon andere permanent reden, wenn sie mehr oder weniger überzeugend behaupten, ›emanzipierte Individuen‹ erzeugen zu wollen und damit beginnen, alle als ›Kunden‹ zu verstehen und den Staat als Kinderkaufladen für solche einzurichten, die sich satt und dumm kaufen sollen. Literatur aber fängt dort an, wo die Marketingstrategien aufhören. Wenn irgendeine Hohlform, eine Formel, ein Schema erfolgreich kommuniziert wurde, beginnt die lustvolle *Gegen*lektüre des Autors und ermöglicht es, daß wir hautnah im Spiel bleiben, ja sogar gestärkt aus der Hängepartie des Konsumierens hervorgehen.

Die Strategien dieses kreativen Pakts mit dem Leser mögen skurril, provokant oder was auch immer sein – nie aber wird er für dumm verkauft. Das ist nicht einfach ein Buhlen um Publikumsgunst, sondern ein komplexes, ausbalanciertes Spiel mit einem doppelten Code. Eco schildert den Vorgang retrospektiv für den *Namen der Rose* so:

»Was für einen Idealleser wünschte ich mir, als ich schrieb? Einen Komplizen, gewiß, der mein Spiel mitmachte. [...] Aber gleichzeitig wollte ich auch mit allen Kräften, daß ein Leser Gestalt annähme, der nach überstandener Initiation meine Beute würde, beziehungsweise die Beute des Textes, und dann nichts anderes mehr zu verlangen glaubte als das, was der Text ihm bot. Ein Text will für seinen Leser zu einem Erlebnis der Selbstveränderung werden. [...] Und wenn du dann gut bist, erkennst du sogar, *wie* ich dich in die Falle gelockt habe, schließlich hatte ich's dir bei jedem Schritt deutlich gesagt, ich hatte dich unüberhörbar gewarnt, daß ich dabei war, dich ins Verderben zu ziehen! Aber das Schöne an Teufelspakten ist ja gerade, daß man sie klarsichtig unterschreibt, wissend, mit wem man sich einlässt. Wofür käme man sonst zum Lohn in die Hölle?

[…] Bei alledem wollte [ich], daß als vergnüglich genommen werde, was uns [normalerweise] wirklich zittern macht.«

Der große italienische Autor Italo Calvino führt in seinem wunderbaren Buch *Wenn ein Reisender in einer Winternacht* diese Idee der ›Verwandlung‹ weiter und interpretiert kluges Lesen als eine stets sich erneuernde Ermutigung zur Metamorphose des Alltags. Als Impuls, das Spiel noch ein Stück weiterzutreiben und die dumme, falsche alte Antinomie von Lesen *oder* Leben charmant aufzulösen:

»Etwas hat sich verändert seit gestern: Du bist mit deiner Lektüre nicht mehr allein, du denkst an die Leserin, die jetzt im selben Moment auch gerade [dieses] Buch aufschlägt – und schon legt sich über den Roman, den du lesen möchtest, ein Roman, den du möglicherweise leben könntest, die Fortsetzung deiner Geschichte mit ihr, oder besser: der Anfang einer möglichen neuen Geschichte. Merkst du, wie du dich seit gestern verändert hast? Du, der du meintest, lieber ein Buch, eine handfeste, greifbare Sache, klar umgrenzt und risikolos zu genießen, als die gelebte Erfahrung, die immer flüchtig, unbeständig und anfechtbar ist … Was soll das nun heißen, ist dir das Buch zum bloßen Mittel geworden, zu einem Kommunikationsmedium, einem Ort der Begegnung? Jedenfalls wird die Lektüre dadurch nicht minder fesselnd, im Gegenteil, etwas ist hinzugekommen, um ihren Reiz noch zu steigern.«

Lesend sich verwandeln heißt zu lernen, auch ins Leben eine kleine fiktionale Zusatzebene einzubauen, einen imaginären doppelten Boden einzuziehen, der uns manchmal ein bißchen schwindlig machen könnte, in der Regel aber hilft, sich mental elastischer durch die Welt zu bewegen, nicht nur auf diesen Lettern, die die Welt bedeuten.

Ein guter literarischer Text, ein großer Roman, ein anrührendes oder aufwühlendes Drama oder selbst ein bewußt kühl gehaltenes Gedicht, das ist wie ein Eisberg, der aus zehn

Prozent Sprachmaterial über und neunzig Prozent Imaginationsmaterie unter der Textoberfläche besteht. Oder wie ein Vulkan, dessen Lavablase tief unter dem sichtbaren Kegel blubbert.

Europaweit. Weltweit. Und erst im Vergleich mit den unterschiedlichen literarischen Geologien, Tektoniken, Driften und Verwerfungen anderswo entsteht das, was man als menschliches Grundgefühl der Literatur bezeichnen könnte. Mag sein, daß die Goethesche Idee der Weltliteratur (man sollte wohl besser sagen, der Welt-Literaturen) im Verlauf zweier Jahrhunderte so etwas wie einen ›literarischen Völkerrechtsmaßstab‹, einen verbindlichen Kodex, an dem kein Gedicht, kein Roman, kein Theaterstück vorbeikommen kann, geschaffen hat. Gewiß, es wird immer Schmugglerware geben. Falschmünzerei wird ein zuträgliches Geschäft bleiben. Aber irgendwann wird die Frustration über auflagenstarke Surrogate u. a. so mächtig werden, daß wirkliche Weltliteratur aus allen Kontinenten gefragt sein wird. Als Netzwerk und Navigationshilfe im globalen Smog.

Das mag ein wenig maßlos wirken, und ich glaube auch zu wissen, daß manche dem Begriff der »Weltliteratur« eher skeptisch gegenüberstehen. Doch vermutlich ist es ganz gut, sich auch in dieser Situation eher an Italo Calvino zu halten, der für das »prossimo millenio« unter dem Stichwort der »Vielschichtigkeit« (Molteplicità) notierte:

»Die Literatur lebt nur, wenn sie sich maßlose Ziele setzt, auch jenseits aller Realisierungsmöglichkeiten. Nur wenn Dichter und Schriftsteller sich Projekte vornehmen, die andere nicht einmal zu denken wagen, behält die Literatur eine Funktion.
[...] die große Herausforderung an die Literatur [besteht] darin, die verschiedenen Arten von Wissen und die verschiedenartigen Codes

in einer vielschichtigen und umfassenden Sicht der Welt vernetzen zu können.«

»Erkenntnisstreben als Streben nach Vielschichtigkeit heißt der Faden, der sich durch die größten Werke zieht, sowohl in dem, was man Moderne nennt, wie auch in der sogenannten Postmoderne, ein Faden, von dem ich mir wünschte, daß er sich – jenseits aller Etiketten – im nächsten Jahrtausend weiterspinnt.«

In einer Zeit, in der die Kategorien der Religion unverbindlich bzw. gefährlich, die der Politik unverbindlich bzw. aggressiv, die der Wirtschaft zynisch-destruktiv geworden sind, brauchen wir Literatur, Welt-Literatur. Und zwar weder als Narkotikum noch als Ersatzreligion noch auch als elitäres Kulturgehege. Sondern als blickscharfe, sprachgenaue, phrasenfreie Denk- und Wahrnehmungsschule für jede und jeden, der lesen kann und will und muß.

Fremdbestimmt und dummgemacht – Das Ende der Fun-Gesellschaft und was dann?

Dummgelaufen, dummgemacht – Die Diskussion um den Geisteszustand der Nation ist in vollem Gange: PISA-Schocks, Amok-Läufe und Blödel-Kultur sind echte Alarmsignale. Jeder Entschluß wirkt wie ein Kurzschluß; man zappelt hilflos im Internetz und ersäuft in der Infoflut. Falls wir derzeit in der Dummheitsfalle sitzen, ist sie ein goldener Käfig. Falls wir inzwischen wirklich dumm sein sollten, sind wir es auf hohem, sehr hohem technischen und materiellen Niveau. Wenn ich »wir« sage, spreche ich (das gebietet die Höflichkeit) von Deutschland – Übertragbarkeit auf andere mitteleuropäisch-westliche Kulturen ist jedoch ausdrücklich erwünscht und ich glaube ziemlich legitim.

Zum Stichwort ›Populismus‹ hieß es vor 25 Jahren »avanti popolo«. Dann: »Wir sind das Volk« – 10 Jahre später heißt es bei Berlusconi: »Ich und das Volk« und zwar das »dumme Volk«. Planvorgabe: konsumfreundliche Herdenhaltung. Aber man geht sogar darüber hinaus. Man nimmt die Regression nicht nur billigend in Kauf, man will die systematische Verdummung. Die Logik ist ebenso zwingend wie zerstörerisch. Statt ›Schluß mit lustig‹ (wie seit dem 11. September ja immer wieder behauptet) scheint es erst richtig los zu gehen. Das »Gaga«-Phänomen greift über: Vor ein paar Jahren ging ein Politiker um sich zu profilieren noch in den

Container des Big Brother. Inzwischen ist das Container-Gefühl flächendeckende Normalität geworden. Die Serien und Soaps präsentieren ›lebensfrohe Mittelmäßigkeit‹ als Dauerzustand. »Wenn du merkst, du machst Scheiße, nicht leiser werden, sondern weitermachen«, raten Professionalitäts-Trainer ihren Teenstar-Schützlingen beim Casting; eine Regel, die zum Motto unserer Dekade geworden zu sein scheint. Weitermachen, jeder will dabei sein. Wohin die Reise geht, weiß keiner so ganz genau, die jüngsten Debatten um neuen Antisemitismus sind ein schmerzhaftes Beispiel hierfür.

Die alten Koordinaten, von links bis rechts, geben keine Orientierung mehr. Ganz andere, nicht minder deutliche Orientierungen scheinen zu zählen, im europäischen Disney-Berlusconi-Land. Entsprechend der Dämlichkeits-Doktrin Nr. 1 empfiehlt Mr. B. zukünftigen politischen Mandatsträgern Folgendes (den Bewerbern für die Kommunalwahlen am 26. Mai 2002): »Das Publikum, das euch im Fernsehen sieht, hat ja gerade mal einen mittleren Schulabschluß und auch das nicht als Klassenbeste [...] Diese Leute können am Ende gerade mal sagen, das gefällt mir, und jenes gefällt mir nicht.« Im neuen Europa z.B. gefällt es ziemlich vielen zur Zeit zu sagen: »Fremde gefallen mir nicht.« Machen wir uns nichts vor, es kann kein Zufall mehr sein, wenn von Irland bis Holland, Dänemark bis Frankreich, (von Deutschland und der Schweiz rede ich zunächst noch nicht) die Internationale der Nationalisten Erfolge feiert.

Es ist ein leichtes, in multi- oder plurikulturelle Schwärmereien auszubrechen: Dialog der Kulturen, Karneval der Kulturen, das Eigene durch das Fremde neu zu lernen (Hölderlin), den Umgang mit dem Fremden zu lernen, in dem man die eigenen Kategorien einer Überprüfung unterzieht

(Levi Strauss) – kaum etwas Kluges und Richtiges, Kreatives und Reflektiertes was nicht über das Thema gedacht und gesagt worden wäre. Kaum etwas, wovon sich nicht fast jeder schon selbst überzeugt hätte: Urlaub, Reise, Arbeitsplatz, Kollegen, Freunde. In Deutschland haben wir sogar einen Literaturpreis für Autoren fremder Herkunft, deutscher Sprache. Doch dann geschieht das Merkwürdige. Ein paar Politiker brechen aus dem allgemeinen Konsens aus und sagen etwas anderes. Etwas das aus dem Rahmen des politisch Korrekten fällt: Das Boot ist voll, wir müssen dicht machen, abschotten, rein bleiben, sauber werden – und die Leute fallen reihenweise um. Vergessen, was Sie selbst besser wissen, reden den offensichtlichsten Quark nach und werden dümmer als die Polizei erlaubt. Nein. Die Polizei pflegt sich in der Regel um Verstöße dieser Art eher nicht zu kümmern. Alte linke, gräuliche Thesen und Bitternis? Pessimismus? Nein! Es gibt einen Grad an Wirklichkeitsverschluß, der mich einfach staunen macht. Aber offenbar nur mich. Ansonsten findet man es ›normal‹. Normal ist es offenbar, wenn ein krachend rechtslastiger Polit-Hasardeur wie Pim Fortuyn als charismatischer ›Populist‹ verharmlost wird. Normal ist, wenn sich das ganze als unglaublich kitschiges ›Gesamtkunstwerk‹ aus zweitrangigem Dandytum und rosa Pop-Ikone inszeniert: Weiße Manschetten, niedliche Schoßhündchen, blasierte Gesten, Goldrahmen. Auf einen Blick durchschaubar – macht nichts, man liebt den Verführer-Verdummer dennoch.

An groteskem Götzendienst und Dienern hat es nie gefehlt. Aber mit dem Hinweis darauf, daß es Grippe immer schon gegeben hätte, ist der Katarrh, den du hast, ja auch nicht auskuriert. Das Problem mit den neuen Rechtspopulisten und mehr noch, unseres Umgangs mit ihnen ist zu gravierend und in der Langzeitwirkung möglicherweise zu nachhaltig, als daß man das Phänomen vorschnell abtun sollte. Man muß nicht wie der Journalist M. Verkammen so weit gehen, Pim Fortuyn als »einen Mann mit der Intelligenz Hitlers und mit dem Charme Himmlers« zu bezeichnen. Aber zu übersehen, daß fremdenfeindliche und rassistische Tendenzen zu seinem Argumentationsarsenal gehörten, ist doch ein Ausdruck höchster politischer Blindheit. Und es ist schon erstaunlich, wie in wenigen Wochen Grenzen und Dämme des fremden-feindlichen Umdenkens europaweit brechen und die Leute so tun, als ob nur ein Fußballverein die Trikots wechseln würde oder die neuesten Automodelle vorgeführt würden: Darüber herrscht Konsens, daß von der verächtlich ›Konsensgesellschaft‹ genannten Kultur liberaler Toleranz Abschied genommen werden müsse. Zu lax. Zu akademisch. Zu verlogen. Weg damit. Konflikte müssen her. Voll ausgetragen werden. Raus mit der Provokation! Raus mit dem Frust! Raus mit den Ausländern! Und während Kirchen noch immer von ihrer »Kultur des Respekts« träumen, werden draußen die ersten Märtyrer der Reinhaltungs- und Überfremdungslehren aufgebahrt und verehrt. Sagen Sie nicht, er übertreibt. Das tut er leider nicht. Denn derzeit ist in der Tat eine Kultur (ein Kult) der Ressentiments angesagt. Die untere Schublade kommt ganz nach oben. Der Bauch spricht wieder. Und man lauscht ihm ergriffen und hingebungsvoll: endlich ist es wieder möglich, auszusprechen, was man ganz unten, manchmal unter der Gürtellinie spürt. Zu spüren glaubt. Die Sehnsucht nach Aggression, nach einer Kultur der Gewalt.

In München spielt man an drei Theatern gleichzeitig Shakespeares blutrünstiges Stück *Titus Andronicus*. Es wird gemordet, verstümmelt, geschändet, daß es offenbar eine

Lust ist. Das derzeit beliebteste Schau-Spiel: Das Abreiben eines hauchdünnen Zivilisations- und Kulturfirnis durch einbrechende intellektuelle Barbarenhorden – wir in der Peepshow als Voyeure unserer eigenen Vernichtung. Gleichzeitig die Gebetsmühlen der europäisch-abendländischen Kulturwerte, politisch korrekt klappernd, hoffnungslos in der Defensive. Der Bocksgesang des Bösen erklingt lauter denn je. Und das ›Fremde‹ steht im Zentrum dieses Diskurses. Wir wissen seit Freud und Sartre (*Das Sein und das Nichts*), daß der andere der Feind ist, weil sein Blick meine Welt auflöst. Der andere, Unbekannte, Unheimliche, das Monstrum, der Dämon, der Exot. Die Infusion: nur in kleinen Dosen konsumierbar. Die große Projektionsfläche auf der sich dunkle Schatten bewegen. Der Aus-Länder im In-Land ist notwendigerweise die Probe aufs Exempel. Eine neuralgische, hochsensible Zone – alles andere denn ein Spielfeld für Dämonisierung oder Verklärung. Der klare Blick aber muß von der open-end- und Ambivalenznatur der Frage ausgehen. Wer Ein-Deutigkeit vorgibt, belügt. Ist demagogisch. »Alle Menschen sind Ausländer [Fremde]. Fast überall.« Wir kennen den sympathischen Spruch fast alle. Irgendwie ist er richtig. Aber stimmt nicht auch sein Gegenteil: »alle sind (fühlen sich als) Inländer – fast überall.« Mehr und stärker als das Bewußtsein unserer Fremdartigkeit empfinden wir (in der Regel) unser Ich/Wir-Bewußtsein. Wir transportieren das Eigene im Kofferraum des Selbst-Bewußtseins um die halbe Welt und deuten selbst das Unvertrauteste nach vertrauten Mustern. Das Wir- und So-sind-wir-Bewußtsein ist die überlebensnotwendige Software unseres mentalen Programms: Die Eroberung Lateinamerikas, die Kreuzzüge, der Massentourismus – keines dieser Ereignisse wäre möglich gewesen ohne die stillschweigende Annahme, unsere Kategorien wären hochwertiger und durchsetzungswürdiger als die anderen. Und selbst die wohlwollend-freundschaftlichst gestylte Annonce in Sachen ›Integrationspolitik‹ ist letzten Endes eine verdeckte Kriegserklärung an das Anderssein.

Hölderlin hat einmal notiert: »das Eigene muß gelernt werden wie das Fremde.« Das Fremde jedenfalls, der Umgang damit, müßte wirklich gelernt werden. Und Fragen gestellt werden wie: Wer ist der Fremde? (Wirklich nur, wie die Etymologie behauptet, »der von weit her kommt«?) Wen nehmen wir als Fremden wahr? Was machen wir mit ihm? Wozu brauchen wir ihn? Ist er etwa nur ein Phantom? Ein Konstrukt? Und: was macht der Fremde mit uns? Was macht er aus ›uns‹? Wieviel Fremdheit kann und will der Fremde ertragen? Wie lange bleibt man fremd? Vielgestaltig sind die mit dem Konzept des ›Fremden‹ verbundenen Aspekte, vielgestaltig und absurd. Unterlegenheitsgefühle hin, Größenwahn her, wir müssen lernen, diese Komplexität zu akzeptieren. Es ist einfach kompliziert! Die Sympathie mit den diffusen Gefühlen und dem vagen Bedürfnis nach Eindeutigkeit kann man verstehen. Aber etwas zu verstehen heißt eben nicht, es zu dulden, noch weniger es zu fördern. Es heißt vor allem, eine Sache beurteilen zu können. Wenn Le Pen in Frankreich, Haider in Österreich, Bossi in Italien, Schill in Deutschland, Kjaersgaard in Dänemark zugleich mit Pim Fortuyn dezidiert fremdenfeindliche Positionen instinktsicher, d.h. auf »instinct«, »basic instincts« zielende Art zum Thema machen, ist dies keine Bagatelle, sondern Symptom eines bedrohlichen Zerfalls des demokratischen Immunsystems. Seit dem Tod des Aggressors, des Gastes, leidet der Wirt. Selbstzerfleischung der Demokratie ist angesagt: steril, bürokratisch, volksfremd sei sie. Permissiv, konfliktscheu, unaufrichtig, korrupt, oberflächlich. Die neuen Heilsbringer inszenieren sich als Verkörperung einer besseren Gegenwelt. Eine billige Lüge. Wer ihr erliegt ist dumm, dummgemacht und weltfremd. Vor zehn Jahren haben entsprechend korrupte Populisten, hysterische Verbrecher vom Typ eines Karadžić, eines Milošević, Zehntausende in den Tod getrieben. Schon vergessen?

Man wird sagen, trauriger Befund, aber was soll's, was sollen wir daran ändern? Was hat eine Schule damit zu tun? Wie wäre es aber, wenn man sich wieder um so etwas Antiquiertes bemühen würde wie eigene kritische Wahrnehmung? Wie sagte Susan Sontag nach dem 11. September als alle, die vorher die Warnungen verpennt hatten, in hilflosen Solidaritätsposen erstarrten: laßt uns gemeinsam trauern, aber laßt nicht zu, daß wir uns gemeinsam für dumm verkaufen lassen. Kritische Kulturkritik (das ist derzeit kein Pleonasmus), denn ideologiekritische Kritik tut Not, ist notwendiger denn je. Ein ideologiekritischer Ansatz, das beinhaltet für mich weder hardlinerartige linke Betonköpfigkeit noch nostalgisches Herumgemaule mit einem angerosteten Messer zwischen den Zähnen. Ideologien-Kritik meint vielmehr den konsequenten Versuch, ungeschminkt Befund und Rechenschaft über die inneren Verhältnisse des Funktionierens von Individuen in Gesellschaftskontexten abzulegen. Dem Bereich der Kunst kommt hierbei eine erhebliche Rolle zu. Jedenfalls eine wichtigere als man auf Anhieb anzunehmen bereit ist. Ich denke dabei nicht oder nicht nur an Manipulation und Zensur in Diktaturen, sondern auch an die alltäglichen Rituale der institutionellen Verblendung und medialen Verkleisterung, die unser Leben kontinuierlich begleiten: von der Feierstunde bis zur Weihestunde, vom Feuilleton bis zur Fernsehdiskussion.

An einer Schule wie dieser werden Wahrnehmungs-Techniken geschult; genauer, nicht nur die Technik dazu vermittelt, sondern auch die Fähigkeit, sie intentional einzusetzen. Bild und Textsprachen sind nun einmal, wirkungsvoller denn je, Steuerungshebel der manipulativen Massengesellschaften. Wer über sie verfügt, verfügt über die Software zur Macht, die soft kommt, und harte Fakten schafft. Auch wenn gerade ein schreiender Demagoge auftritt. Es gibt eine weit wirkungsmächtigere Rhetorik auf Taubenfüßen. Freundlich, fröhlich, unbeschwert, harmlos, dumm. Zukunftsblind. *Fahrenheit 451* und *Brave New World* haben das ganz richtig vorausgesehen.

Erst werden die Sprachen der Wörter und die Sprachen der Bilder besetzt, dann die Hirne und Seelen der Menschen. Noch einmal Mr. B. Er versteht es wie kaum ein anderer die Sprache zu besetzen. Er nennt das Wirken der Justiz »Bürgerkrieg«, seine Koalition bedeutet »Liebe«. Opposition dagegen »Haß«. Wer möchte nicht eher »Lieben« statt zu »Hassen«?

Resultat: Polarisierung. Die einen resignieren. Die anderen triumphieren, d.h.: konsumieren beliebig und lassen sich von hübschen Wortblasen poetisch wegtragen. Wenn dann auch noch die Gegensatzpaare früher/jetzt, alt/jung, hübsch/häßlich dazukommen, wird, ohne daß man dies auf Anhieb bemerkt, ein Spaltpilz in die Gesellschaft getragen.

Anderes Beispiel; unter dem Titel »Hightech für Heidi« entwirft eine Journalistin ein Konzept für eine neuere, leichtere Form postmodernen Empfindens. Das liest sich ungeheuer flott:

»Früher war eine Identität, die Verbundenheit mit Land und Herkunft selbstverständlich. Das Wort Heimat vermittelte ein Gefühl innerer Zugehörigkeit zum Land und zu den Leuten. Anders im

Medienzeitalter: Das Internet kennt keine nationalen Zuordnungen. Der Einzelne definiert sich nicht durch Lebensort, sondern als Teil einer Netz-Gemeinschaft. Und: die Zeit triumphiert über den Raum, in der temporalen Beschleunigung schwinden Land und Nation. Die terminale Identität, die Adresse im Netz, liegt überall und ist stets erreichbar. Heimat als unmittelbarer Bezug zu einem bestimmten Ort wird marginal, der Mensch ist befreit, wirbelt virtuell-schwindelnd durch die elektronischen Medien.«
(Jeannot Simmen, in: Der Tagesspiegel, 15.5.2002)

Doch wenn man nur ein bißchen nachdenkt, so stellt man erschreckt fest, daß nichts, nichts an dieser Seifenblasenoptik einer ›Identität light‹ stimmt. Und daß die anderen, die die Identitätsfrage blutig ausstaffieren, siegen; »Clash of Culture« – Hardliner erhalten unseligen Zulauf. Selbst eine Jet-Setterin wie Ex-Star-Kolumnistin Oriana Fallaci spricht »beschwörend von Angst vor einer kulturellen Überfremdung durch die ›Kinder Allahs‹, die ›mein Italien‹ und Europa überschwemmten. Längst kämen ihr Rom, Venedig oder Genua wie Algier, Nairobi oder Beirut vor.«

Weder ›light‹ noch ›Blubo‹ stimmen mit der stinknormalen Wirklichkeit der Millionen überein. Aber die Tatsache, »daß sich jeder mit der Kultur identifiziert, in der er aufgewachsen ist, daß die Fälle von Wurzelverpflanzung in der Minderzahl sind«, die muß schon ein Umberto Eco sagen, damit sie nicht als Banalität weggewischt werden.

Die Wirklichkeit sieht graugetönt aus, Tarnfarbe zum Überleben. Große Märtyrertode sind das Schlimmste. Und für jeden Künstler müßte es das Schlimmste sein, an einem solchen artistischen Wegdrehen von Realität aktiv mitzuwirken und die Grenzen verschwimmen zu lassen.

Wir müssen die Chance hier gegenzusteuern nützen: denn es wird auf die Nonkonformisten, die randständigen

Außenseiter, Eigenbrötler ankommen. Wo fast alle gleichgemacht werden und wo die Systeme immer enger, die Codes immer restringierter werden, genügen Nuancen der Abweichung, um den Rand der Regeln zu überschreiten. Keine Heroen des Widerstands, lediglich solche, die die eigenen sieben Sinne hartnäckig gegen das Diktat des bequemen Serienkonformismus verteidigen und so den winzigen Spalt zwischen Norm und Abgrund verteidigen: gemischte Gefühle, gegen den Mainstream schwimmende Ideen, Unzeitgemäßes, Inopportunes, Unlösbares, Grenzüberschreitendes, Unreines, Unbereinigtes. Open-end-Stories.

Wir sind sozusagen verschwiegene Stimmführer, verläßlich in der Unzuverlässigkeit, suspekte Garanten des Überlebens jenseits der monokollektiven Zuchtherden: subversive Retter.

Es wird darauf ankommen – gleich in welche technische oder systempolitische Richtungen sich die Trends der nächsten paar Jahrzehnte hinbewegen werden – selbst-süchtigen Querulanten ein wenig mehr Spielraum zu geben. Wir brauchen keine »Direktoren« (Sloterdijk) und keine Machiavellis, keine alten Vor-Denker und keine neuen Eliten, wir brauchen freilich jene Stimmen, die unbeirrbar und unprätentiös den Kampf um ihre reale Präsenz, um ihr Da-Sein und So-Sein kreativ und aktiv führen. Auch solche, die den Mut aufbringen, nicht alles mitzumachen. Und zugleich an den Oberflächen zu kratzen.

Vor ein paar Monaten luden wir im Rahmen der Tübinger Poetik-Dozentur acht Autorinnen ein, uns ihre Gedanken, Erwartungen und Hoffnungen zum Thema ›Zukunft‹ mitzuteilen. Es entstanden acht Absagen an Zukunftsprojekte, acht Bekenntnisse zu einem Dasein. Hier und jetzt im Land der eigenen Wahrnehmung. Sie alle verzichteten –

auf abstrakte fertige Entwürfe, die sich über die Menschen legen. Verzichteten prätentiös auf Terminologien und Modelle, auf Logistik und Philosopheme zugunsten konkreter Be-Greifbarkeit des Da-Seins als einziger Regel eines Sprechens über die Zukunft: wirklichkeitswund, aber wahrnehmungsscharf, desillusioniert, aber nicht am Ende; fragmentarisch und hellsichtig zugleich.

Die Verweigerungen der Autorinnen waren nicht von Ängstlichkeit getragen und sie sind vor allem auch nicht als Symptome einer neuen Innerlichkeit, einer Flucht in den Subjektivismus zu lesen. Sie sind im Gegenteil als Maßnahmen einer hellwachen Präsenz und Eigenständigkeit zu sehen, die als politischer Ausdruck verstanden werden muß. Als Abwehrhaltung gegen unscharfe Bildüberflutung, Simplifikationen und mythisierende Überlagerungen. Nicht daß hier wirklichkeits- und zukunftsscheu weggeguckt und weggeduckt werden soll, nicht daß Technikflucht und ›Authentizitätssucht‹ gepredigt werden soll. Doch je stärker der auch gedankliche Sog technologischer Machbarkeit, wissenschaftlicher Omnipotenz und medialer Manipulierbarkeit wird, umso dringlicher stellt sich die Frage nach der Realpräsenz des Daseins und der Dinge und die nach einer Gegenwart kurz nach der Zukunft.

Wo alles virtuell zu werden beginnt, ist die Unterscheidungsfähigkeit bis aufs Äußerste herausgefordert, wo alles unendlich vervielfältigt und reproduziert wird, ist der Blick für die Vielfalt und das einzelne Dasein komplexer und wichtiger denn je. Diesen gilt es zu schulen. Nicht in Blitzkursen sondern mit Blick und Atem. Und auch mit ein wenig Mut, sich gegen die von den jeweiligen Mehrheiten als undiskutierbar vereinbarte »Wirklichkeit« zu stellen. Der Kampf um Minderheiten ist ein Kampf für Eigen-Arten.

Der Kampf um Vielfalt ist die härteste Attacke gegen den Sog der Ein-Falt, also gegen Verdummung, gegen die bunte Monotonie der Simplifikationen. Das kreative Durchdeklinieren der Möglichkeiten ist ein subversiver Akt moralinfreier Humanität.

Heinrich Heine zum 150. Todestag – Stadtneurotiker, Dauerexilant, Unruhestifter

In seinen *Memoiren* beschreibt Heinrich Heine eine Szene, die zum Schlüsselerlebnis seines weiteren Lebens werden sollte. Auf die Frage nach seinem Großvater erhält der Sieben-, Achtjährige vom Vater die flüchtig hingeworfene Antwort: »Dein Großvater war ein kleiner Jude und hatte einen großen Bart.«

Als er diese Antwort naiv an seine Mitschüler weitergibt, löst er damit eine gespenstische Szene aus:

»Kaum hatte ich diese Mitteilung gemacht, als sie von Mund zu Mund flog, in allen Tonarten wiederholt ward, mit Begleitung von nachgeäfften Tierstimmen. Die Kleinen sprangen über Tische und Bänke, rissen von den Wänden die Rechentafeln, welche auf den Boden purzelten nebst den Tintenfässern, und dabei wurde gelacht, gemeckert, gegrunzt, gebellt, gekräht – ein Höllenspektakel, dessen Refrain immer der Großvater war, der ein kleiner Jude gewesen und einen großen Bart hatte.«

Anschließend wird Heine wegen Anstiftung zur Unruhe vom Lehrer auch noch verprügelt. Nicht nur das lebenslang unvergeßliche Einbläuen der Erkenntnis des Judentums mit dem gelben (!) Stock ist an dieser Episode bemerkenswert, auch die Art und Weise, wie die naive Mitteilung vom nichtjüdischen Klassenkollektiv aufgenommen wurde, ist entlarvend. Es ist, als ob die bloße Nennung des ominösen Wortes

»Jude« in Verbindung mit dem Zeichen des Judenbarts eine Explosion der Gesinnungen, Ressentiments, Affekte und Aggressionen auslöste.

Eine von vielen traumatisierenden Erfahrungen, ohne die Heines lebenslange, stets sprungbereite Aggressivität und Reizbarkeit, sein unstetes Flottieren zwischen bizarrer Clownerie und pathetischem Gestus nicht wirklich verständlich wird.

»Verwelke meine Rechte, wenn ich deiner vergesse, Jeruschalayim! [...] Daß ich für die Rechte der Juden und ihre bürgerliche Gleichstellung enthusiastisch sein werde, das gestehe ich, und in schlimmen Zeiten, die unausbleiblich sind, wird der germanische Pöbel meine Stimme hören [...]«.

So heißt es in einem Brief wenige Jahre später. Im Spannungsfeld von Kapitulation und Anpassung, Verweigerung und Beharren fällt es schwer, die auseinanderstrebenden Identitätsebenen Heines zusammenzubringen und auch dieser ganz spezifischen Art des Schreibens zwischen Beklemmung, Angriff, Gelächter und Vernichtungsphantasie gerecht zu werden.

Andererseits darf dieser 150. Todestag nicht zum Fanal eines neuen Biographismus' um seiner selbst willen werden, nur um noch mehr über seine Frauengeschichten und Krankheiten zu erfahren, die kulinarische Seite zu erforschen oder zum hundertsten Male flach von seinem »geistreichen Witz« und seiner »beißenden Ironie« zu hören. Oder von seinen Tränen, seinen bittersüßen Tränen, die Martin Walser schon 1981 so entzückten, daß er ihnen einen ganzen Essay widmete. Großmütig schlägt Walser darin sogar vor, diese Tränen zusammen mit »Goethes Frauen, Rilkes Engeln und Thomas Manns Künstlerbürgern« zu einer Art nationalem Kulturerbe zu machen.

Waren heuer Schillers Socken im Deutschen Literaturarchiv Marbach zu bestaunen, so käme im Fall des obligatorischen Events zum Gedenkjahr 2006 nach Meinung des »Heine-Plaketten«-Trägers Walser von 1981 womöglich eine Phiole mit jenem köstlichen Drüsensekret aus den Augen des deutsch-jüdischen Autors als Devotionalie und Poesie-Reliquie in Frage.

Ob man dem Jubilar einen Gefallen tun würde, wage ich allerdings zu bezweifeln, zumal es einigermaßen bizarr erscheint, die toten Autoren ausgerechnet durch eine Revitalisierung ihrer Körper verewigen zu wollen, gehören sie doch zu den ganz wenigen, die das Privileg haben, durch ihre *Texte* im öffentlichen Lebensraum der Erinnerung zu bleiben. Zwar möchte man einem wirklichen Überleben im Kokon der Gedichte, Romanzen, der Lieder und Poeme nicht unbedingt und ungeprüft Glauben schenken, blickt man flüchtig auf die Produktion dieses Heine-Jahrs. Denn, wie fast schon zu erwarten, wird die melancholisch und verzweifelt heitere Person Heines so sehr in den Vordergrund gerückt, daß sein Werk – einmal mehr – vom Schatten seines eigenen Autors verdunkelt wird. Dabei gibt es kaum einen entschiedeneren Gegner einer noch so liebevoll empfindenden Annäherung an den Autor über den Holzweg seiner Biographie als Heine selbst. In einem Brief vom 10. Juni 1823 erteilt bereits der blutjunge Verfasser des *Buchs der Lieder* den Anekdötchensammlern eine dezidierte Absage: es »kann mich aufs Schmerzlichste verletzen, wenn man den Geist meiner Dichtungen [...] aus der Geschichte des Verfassers erklären will. [...] wie wenig ist oft das äußere Gerüste unserer Geschichte mit unserer wirklichen, inneren Geschichte zusammenpassend! Bey mir wenigstens paßte es *nie*.«

Genauer, es paßte nie und paßte doch: Es paßte nie, nach

irgendwelchen konkreten Personen oder direkten Anlässen zu forschen. Es paßt jedoch, und mehr als bei vielen anderen Autoren, wenn man auf Strukturen achtet. Es ist ein bißchen wie bei Schiller. Ohne rigide Karlsschule keine Explosion in *Die Räuber*. Ohne den »gelben Stock« keinen Don Isaak im *Rabbi von Bacherach*, kein Woody Allen-artiges Stadtneurotiker-Gelächter an den Ghettotoren, kein Hiobs- *und* Lazarus-Gefühl beim Schreiben. Er geht nach Frankreich um des Exils willen, nicht weil er in Deutschland nicht mehr arbeiten konnte – Spitzel gab es in Paris nicht weniger als in Berlin oder Hamburg. Er landete in der »Matratzengruft« in Paris, weil dies das Exil im Exil darstellte. Kein anderer kranker Dichter hat diesen Modus der existenziellen Stilisierungen des hyperventilierenden Märtyrertums so auf Dauer zu stellen vermocht wie Heine. Keine Pose, sondern eine extrovertierte Position in Notwehr. Schauspielerei als Existenzform. Keine Feigheit, sondern ein Zubeißen aus dem Schlupfloch. Und genau diesen ›Biß‹ braucht es auch, wenn man heute mit Heine umgehen will. Aber ich fürchte, daran hapert es zur Zeit ein wenig.

In Deutschland scheint man immer noch instinktiv daran zu glauben, sich nur mit dem, was auf ernsthaften Klassikfüßen stolziert, auch ernsthaft beschäftigen zu müssen. Im rechtzeitig zum Heinefest erschienenen »Erfahrungsbericht« über die 1997 abgeschlossene »Düsseldorfer Heine-Ausgabe« erinnert sich Manfred Windfuhr an ganz entsprechende Vorbehalte aus der deutschen Philologenzunft, der es nicht ganz geheuer schien, daß man »den scheinbar so leichtfüßigen und kosmopolitischen Heine so gründlich edieren wollte wie [etwa] den schwerblütigen und nationalen Hölderlin«. Erstaunlich, daß die jüngere Generation, wie Heine-Biographin K. Decker, aller versuchten Flapsigkeit zum

Trotz noch immer ex negativo die törichten Vorurteile der alten Ordinarien bestätigt. Ganz abgesehen davon, daß ihre Aussagen über das »*deutsche* Wunder Heine«, was das Politische und das Kosmopolitische dieses frühen Migranten betrifft, erstaunlich inhaltslos bleiben.

In einer Art plaudernder Dauerbegleitung flanieren wir ohne viel Tiefe durch die Orte seines Lebens. Freuen uns, wenn er sich unmöglich benimmt, wenn Mathilde zunimmt, er sie »rituell« verprügelt oder ihren Papagei vergiftet, was soll's? Was etwas soll, wer würde heutzutage danach zu fragen wagen? Ist doch all das irgendwie ein gefundenes Fressen. Bei Schiller mußte man sich ja noch einigermaßen bemühen, um ein paar bunte Tupfer und Risse ins brave Karlsschüler- und Weimaraner Kostüm zu applizieren. Ungleich leichter fällt es bei Heinrich Heine, schrille und selbst in der Melancholie exzentrische Elemente aufzuspüren: der Grenzgang zwischen schwebender Ironie und aggressivem Ausfall, Pariatum und Duellwahn, Ich-Kult und Doppelgängerspiel, sein Oszillieren zwischen Deutschlandsüchtigkeit und Deutschlandhaß, Fluchtreflex, Heimkehrverlangen und Selbstbeschneidung dieses Bedürfnisses sind wahrhaft eindrucksvoll. Verhaltensauffällig wie bei dem Weltschmerzexperten und der europäischen Lyrik-Größe Lord Byron, leidenssüchtig und vernichtungssüchtig wie Leopardi, bisweilen draufgängerisch-patriotisch wie ein deutscher Puschkin, dann wieder frivol-zynisch wie ein rechtsrheinischer Musset. Aber wo ist bei Heine ›rechts‹ und wo ›links‹? Bei einem, der das halbe Leben in Frankreich verbracht hat, nicht eindeutig zu sagen. Dazu eben Mouche, Mathilde und die Matratzengruft – die jüdische Mischpoke, der deutsche Klüngel und Mob: wahrlich Stoff genug für eine deutsche Poeten-Vita »comme il faut«. Mitsamt seines lebenslang ambivalenten Verhältnisses zum Geld, zwischen Kapitalisten-Kritik, Luxusliebe und solidem Wohlstand. Seinem Balancieren zwischen Künstlertum und Beamtenwunsch, Agnostizismus, Christen- und Judentum. Bei genauerem Hinsehen erweist es sich eher als Vexierbild mit einem unscharf fixierbaren ›Doppelgänger‹ seiner selbst als Protagonist.

Irgendwo im Niemandsland zwischen Selbstvernichtungs- und Erlösungswahn. Getragen von einem Eigenwertgefühl, das sich entsprechend unstet zwischen Verdoppelung und Halbierung, Überheblichkeit und Pariatum bewegte. Vernichtungsphantasie und Vision folgen in bizarrer Weise aufeinander. Mit der Formel »Jésus-Christ, qui – en paranthèse était mon cousin« wird ein bizarres Credo auf die Unsterblichkeit der eigenen Kultur vor dem Hintergrund des ›Verrats‹ an ihr angestimmt: Für Heinrich Heine ist das kein Problem. Für seine neueren Interpreten in erstaunlichem Maße. Orientierungsbedürftigkeit, Unsicherheit in Bezug auf ein eigenes Urteil, Flucht vor Ambivalenz, Scheu vor ›political incorrectness‹, Spiritualismus light – Heine macht es trotz seines freundlichen Tonfalls furchtsamen Gemütern nicht leicht. Solche Art von Aggressivität wie im Platen-Angriff, wo – um mit Hans Mayer zu sprechen – »Ein Outsider der Abkunft einen Outsider der Geschlechtlichkeit« gnadenlos attackierte, ist heutzutage nicht unbedingt plausibel. Das Heine-Kapitel des *Außenseiter*-Buches von 1981 aus der Feder Hans Mayers ist, was Schärfe und Klarheit betrifft, noch immer nicht übertroffen. Und auch, was die politische Bissigkeit anbelangt, vermißt man ein Kaliber dieser Art heute mehr denn je.

Wenn man ein wenig nachbohrt und – zum Beispiel Studierende von heute – nach ihren ›wirklichen‹ Eindrücken über Leben oder Werk befragt, zeigt sich die Brüchigkeit und Labilität der deutschen Heine-Tradition relativ deutlich: von der schwindelerregenden Irritation, die seine Texte auslösten, ist die Rede, von Bodenlosigkeit; ob die jungen Leser mit diesem partiell skeptischen Befund auf der falschen Spur sind? Ich denke nicht. Außenseiter *und* Wiedergänger, Spötter *und* Moralist, Hasardeur und braver Poesiesoldat – der Mensch Heine ist nicht auf ein paar Begriffe zu bringen. Das hat es schwer gemacht und macht es immer noch schwer, ihm nahe zu kommen, ihn ›in den Griff‹ zu kriegen. Etwas von Heine zu verstehen heißt, etwas vom Wesen innerer Widersprüche als Lebensform zu verstehen. Es heißt, einem zu begegnen, dem es wie kaum einem anderen gelungen ist, sich (fast wie Hölderlin) an den Rand der Gesellschaft zu schreiben und sich gleichzeitig (anders als Hölderlin) ins Innerste der Nation hineinzusingen. Einen begreifen zu wollen, der sich beinahe um Kopf und Kragen redet und im Weggehen alle möglichen Leute innigst umarmt. Einen zu bestaunen, der den poetischen Hochseilakt ohne Netz und mit jeder Menge doppelter Böden mit tagtraumwandlerischer Sicherheit beherrscht; mit dem dumpfen Gefühl der Abscheu vor einem anderen Heine, der nicht zögert, Gegner gnadenlos in den Abgrund zu stoßen, wenn es ihm opportun erscheint.

Geistesträg und latent wiedergutmachungsbemüht schreiben ihm die Deutschen, unter die er nie wirklich kam und bei denen er es nie wirklich aushielt, angestrengt und im wesentlichen verständnislos hinterher. Für »poètes maudits« wie ihn gibt es hierzulande nach wie vor kein Sensorium, und so tröstet man sich mit Anekdotischem oder Volksliedhaftem oder flüchtet sich in die Betroffenheit der Unbetroffenen. Heines Lebensraum aber war ganz anderswo.

Im internationalen Casino der Lebens-Spiel-Süchtigen vielleicht, wo er sich Abend für Abend anschickte, einen neuen artistischen Trick auszuprobieren, in der schillernden Twilight-Zone zwischen ›rien ne va plus‹ und ›russischem Roulette‹ vom ganz großen Coup träumte. Sicher kein Falschspieler, aber einer, der es mochte, wenn man ihm auf die Artistenfinger schaute – und sei es nur, um seine Fingerfertigkeit zu bewundern. Kein Wunder, daß man in Deutschland immer schon (man denke an die Querelen um die Düsseldorfer Heinrich-Heine-Schule in den Siebzigern) und anhaltend so seine Schwierigkeiten mit dem Heine-Gedenken hat. Nicht ganz so qualhaft verkrampft wie man sie mit dem Holocaustdenkmal hatte, aber doch irgendwie spürbar verlegen irgendwo zwischen Harmlosigkeit, Banalität oder Kuriositätenschau.

Dabei ist diese Zurückhaltung ja durchaus verständlich und angebracht. Denn wer sich auf diesen »Dirty Harry« einläßt, muß poetisch und politisch ausgesprochen trittsicher und schwindelfrei sein und sollte darüber hinaus über ein absolutes Gehör für kleinste und feinste harmonische Dissonanzen und kontrapunktische Reibungen verfügen und nicht zuletzt äußerst reaktionsschnell sein, um nicht der Gefahr gelegentlicher Fehltritte und Stürze in den Abgrund von Gesinnungen zu erliegen.

Es läßt sich ja einfach mal so behaupten, Heine »hatte die ersten Lieder des dritten Jahrtausends« (Kerr) geschrieben, er wäre einer der Autoren, die wirklich lebendig geblieben seien. Ist er es wirklich? Lebendige Denkmäler haben in der Regel Nachfahren. Wer wäre unter den Nachfahren zu nennen? Sind es wirklich so viele? Dürrenmatt vielleicht, der von sich sagte, was vielleicht auch Heine an kritischen Tagen von sich gesagt haben könnte: daß es sein tristester

Tag wäre, wenn er im Schaufenster einer Buchhandlung etwas mit dem Titel »Trost bei Dürrenmatt« fände. Peter Rühmkorf mit seiner wunderbar respektfreien Sprache, die in seinen besten Poesieküren regelrecht ins Sprach-Erotische driften kann. Oder ist Erich Fried einer seiner Ur-Ur-Enkel, oder Morgenstern, Tucholsky oder Ringelnatz, der charmant davon ausging, es sei am besten, den Leuten »in die Fresse zu knacken ...«?

Wie auch immer, es sind eher die Suspekten, mit denen er im Verbund steht, die Fanatiker des Witzes, falls es so etwas gibt, die aristokratisch-proletarischen ›Schmuddelkinder‹ der Poesie, Gesellschaftslöwen der Illegalität. Allesamt bis in die Haarspitzen politisch von jener fast neurasthenischen Reizbarkeit und instinktiven Witterung für soziale Bewegungen, wie sie in so vielen seiner Briefe und Essays zum Ausdruck kommt. Seinen Zustand in den Monaten vor der Revolution beschreibt er in einem Brief an Karl August Varnhagen von Ense vom 19.11.1830 folgendermaßen:

> »Wie es Vögel gibt, die irgendeine physische Revolution, etwa Gewitter, Überschwemmungen etc., vorausahnen, so gibt's Menschen, denen die sozialen Revolutionen sich im Gemüte voraus ankündigen und denen es dabei lähmend, betäubend und seltsam stockend zumute wird. So erkläre ich mir meinen diesjährigen Zustand bis zum Ende Juli. Ich befand mich frisch und gesund und konnte nichts treiben als Revolutionsgeschichte, Tag und Nacht. Zwei Monate badete ich in Helgoland, und als die Nachricht der großen Woche dort anlangte, war's mir, als verstände sich das von selbst, als sei es nur eine Fortsetzung meiner Studien.«

Es wäre verfehlt, würde man diese umgekehrte Mimesis, in der die Wirklichkeit sich nach den Gefühlen der subjektiven Empfindung des Dichters auszurichten scheint, nur als Ausdruck eines übersteigerten Selbstwertgefühls betrachten.

Visionen, Träume, halluzinatorische Wahrnehmungen waren für Heine von den frühen Gedichten bis zu den Liedern aus der Matratzengruft eine prägende Erfahrung. »Schlemihl und Traumweltherrscher«, wie Hannah Arendt ihn einmal nannte (*Die verborgene Tradition*, 1976), war Heine in diesem Sinn, als permanenter Doppelgänger seiner selbst: die externe Realität bis in die Eingeweide spürend, sie zu seinem Innersten machend, verstand er es zugleich, sich selbst als Fremdkörper zu inszenieren, dem eigenen Ich befremdet gegenüberzustehen. Leben und Schreiben dauerhaft im Zweikanalton – kein Wunder, daß die permanenten mentalen Vorbeben, die Hypernervosität eines Zeitseismographen in Wirklichkeit nicht jedermanns Sache sind.

Daß dieses besondere Profil nicht ohne den hybriden deutsch-jüdischen Hintergrund, der Heines Leben bestimmte, denkbar war, ist evident. Ein Hauch der Ghetto-Neurose aus dem *Rabbi von Bacherach*, wo die Bewohner zwischen Tür und Angel, nicht draußen, nicht ganz drinnen am eigenen Leben herumlaborieren und daran gewöhnt sind, in der Art eines Schlemihl-Scharlatans immer am Rande eines Identitäts-Abgrunds zu tanzen.

Vor 25 Jahren hat man uns Heine in den Proseminaren als politischen Dichter madig gemacht. Ideologisch geschulte Köpfe stocherten seinerzeit in seinem Werk herum und machten sich – irgendwo zwischen Jung-Deutschland und Marx und Engels – über seine sozialistische Lupenreinheit oder Unreinheit her: Radikal. Zu elitär. Politisch uneindeutig. Inzwischen hat man mit dem allen so gar nichts mehr im Sinn. Statt dessen wurde er zum Beschäftigungsobjekt eines trendig gestylten Allgemeininteresses, das ihn einerseits anekdotisch ausschlachtet, andererseits mit Platitüden verharmlost: »Weltriß im Herzen«, einmal mehr die obligatorische »Schwäbische Schule«, der Mythologe, die Loreley »im neuen Lichte« …

Wie gesagt: Mir fehlt bei alledem der Biß für das Besondere dieses Giftpilz-Poeten der Romantik, dessen Gedichte sanfte Terroranschläge gegen alles behaglich Gemüthafte waren. Ein kalter Engel, der die Gefühle ausbluten ließ und die leeren Kadaver ins Grab legte, einer der wie Büchner Figuren-Unzucht mit Würmern trieb und über Leichen ging. Einer, der das Salz in der Erde der deutschen Poesie war und ihr das Wasser in die Augen trieb, der ohne Rücksicht auf Verluste weiterfragte und sich nicht mit den üblichen Floskeln abspeisen ließ. Ein Duktus, der im Gedicht *Zum Lazarus* schockierend klar zum Ausdruck kommt:

»Also fragen wir beständig,
Bis man uns mit einer Handvoll
Erde endlich stopft die Mäuler –
Aber ist das eine Antwort?«

Etwas von dieser Ungnädigkeit, die alle große Literatur kennzeichnet, die ihr textgenetischer Abdruck ist, sollte auch bei seinen Lesern spürbar werden.

»Knochen-Hebräisch« – Celan-Lektüren

Anlaß der nun abgeschlossenen Tübinger Celan-Ausgabe war ein philologisches Ärgernis. Seit Jahren ist eine hochsubventionierte Celan-Ausgabe im Entstehen, der es gelingt, den Text unter Schichtungen von diakritischen Zeichen, Chiffren, Varianten, Siglen nahezu vollständig zum Verschwinden zu bringen. In Abgrenzung zu dieser Art von Hochleistungsphilologie entstand dann unser Vorschlag einer Leseausgabe, die dennoch mehr wollte, als nur die Oberfläche des endgültigen Textes letzter Hand zu präsentieren.

Die Tübinger-Celan-Ausgabe ist ein Denkmal aus Text für den Dichter Paul Celan, dessen 85. Geburtstag wir am 23. November 2005 feiern. Sein Todesdatum, das Datum seines Suizids 1970, jährte sich heuer zum 35. Mal. Daß die Ausgabe in diesem Jahr abgeschlossen werden konnte, ist eine schöne Fügung.

Celan/Antschel ist zu einer Chiffre geworden. Für die europäisch grundierte Polyphonie einer großen Lyrik der Moderne mit sprachgenauen Gefühlen ohne Sentimentalität. Für Heimatvertrautheit ohne Nostalgisches. Seine Anfänge, seine Herkunft aus der Bukowina, dem Buchenland, in zwittrig-gespenstischer Verwandtschaft zu Buchenwald, der Landschaft am Rand Mitteleuropas, der Landschaft »aus Menschen und Büchern«.

Seither wird sein Leben und seine Arbeit durch eine Flut von Ausgaben (unsere ist eine davon) und Briefeditionen erforscht – nahezu übererforscht. Ich möchte nicht im Philologie-Laden nach Celan-Delikatessen kramen. Und auch nicht respektvoll Wortpreziosen herumreichen. Seit wir 1994 mit der Publikation der mittlerweile abgeschlossenen Tübinger Celan-Ausgabe begonnen haben, habe ich gelernt, was es bedeutet, in philologische Besitzstände vorzudringen oder von ihnen freundlich übernommen zu werden.

Es gilt, Celan wiederzuentdecken. Ihn von seiner Legende zu befreien. Denn inzwischen ist Celan zum Opfer seiner eigenen Diskretion geworden. Alle Anstößigkeiten wurden – nicht zuletzt von ihm selbst – getilgt. Der primäre Eindruck einer obskuren Melancholie, einer religiös getönten Auflösung der Gegensätze dominiert noch immer. Selbst auf dem philologischen high-tech-Feld der Dekonstruktion wurde Celan zum Faszinosum und Fetisch. So als bemühte man sich, Celans kühne These aus dem Umfeld der Büchner-Preis-Rede retrospektiv zu bestätigen:

»Das Keimfreie ist das Mörderische; im formal designing [es gibt auch ein solches im Philologischen] ist der Faschismus heute.«

Denn Celan selbst präsentiert sich alles andere als keimfrei. Seine Texte sind ›kontaminiert‹: Von Daten, Geschichte, Gesinnungen.

Ich sprach vom dunklen, stummen, selbstgeschaffenen Celan-Bild. Teilweise trifft es zu, denn nur selten argumentiert dieser etwa im Stile seines Kollegen Erich Fried, der *Judenfragen* direkt, provokant stellte. Im Gegensatz dazu verwendete Celan jedoch nach außen kodierte Sprache. Stellen wie die folgenden wird man in der endgültigen Büchner-Preis-Rede vergeblich suchen; Celan selbst hat sie getilgt:

»... humanistische Phrasendrescher, posthume Betreuer jüd<ischer> Gedankengän<ge>.
Ich sage das nicht, um mich mit diesen Wörtern an irgendeinem heutigen oder künftigen Urteilsspruch zu beteiligen – aber: es wird spät. Und so sage ich es, auf daß sie [...] einen Augenblick lang erzittern und umkehren –.«

»Es lebe die krummnasige Kreatur!«

»Sprich nicht so viel von Jüdischem – du kennst es ja kaum. Sieh es an, nimm es wahr: sei aufmerksam.«

»Nicht indem es vom Ärgernis spricht, sondern indem es, unerschütterlich, es selbst bleibt, wird das Gedicht zum Ärgernis – wird es zum Juden der Literatur – Der Dichter ist der Jude der Literatur – Man kann verjuden; das kommt zwar selten vor, geschieht aber zuweilen doch. Ich halte Verjudung für empfehlenswert – Krummnasigkeit läutert die Seele. Verjudung, das scheint mir ein Weg zum Verständnis der Dichtung, nicht nur der exoterischen –«.

In Celans Rhetorik sind, aller Verschlüsselung zum Trotz, die Seiten klar benannt: ihr – wir, Licht – Gegenlicht. »Eiterlicht«. Narbenspuren. Sichtbar, spürbar. Inskriptionen der Vernichtung von den frühen bis zu den letzten Gedichten, Texte mit Wunden.

Zwischen Wunde und Narbe bewegt sich die Lyrik Celans wieder und wieder. Nicht etwa so, als vernarbe die Wunde allmählich, oder so, als resorbiere sich die Narbe ihrerseits in der umhersitzenden Haut. Es gelingt der Narbe nicht, sich vollkommen zu schließen: die Nahtstellen bleiben sichtbar, sie entstellen das Gesicht, und weisen rückwirkend auf die Wunde hin, die sie verursacht hat.

Zuweilen aber öffnet die Wunde sich wieder: nicht nur jene erste, aus den Jahren der Kindheit zurückgebliebene, von der man vielleicht annehmen kann, daß sie zu denjenigen Elementen gehört, die die psychische Konstitution des Dichters auf dauernde Weise bestimmt hat, sondern vor allem jene andere, unendlich entscheidendere, die die historische Katastrophe, zu deren Opfer und Zeuge er wurde, in seiner Seele hinterlassen hat, in seinen Seelen-Fragmenten, die zu Text-Fragmenten werden. Indem er die Erinnerung der Opfer heraufruft und deren Namen einschreibt in das Grabmal, das er für sie aufbaut, schneidet Celan eine symbolische Wunde in die Substanz der Sprache: die Spuren, die die traumatische Urszene in seinem Gedächtnis hinterlassen hatte, werden zu graphischen Zeichen, die die Schrift von innen her zersetzen.

Stünde die Wunde ganz und gar offen, so würde der Schmerz alles überwältigen und jeglichen sprachlichen Ausdruck unmöglich machen; wäre sie völlig vernarbt, so bliebe keine Spur von ihr übrig, und es gäbe keine Zeichen mehr, die auf sie hinweisen könnten. So deutet die Zwiespältigkeit der Wunde auf das endlose Wechselspiel zwischen Erinnern und Vergessen: die Erinnerung kann nur zur Sprache kommen, wenn das Trauma schon verloschen ist, aber das Trauma kann nicht verlöschen, solange es in der Erinnerung weiterlebt. So steht das Vergessen nicht im Gegensatz zum Erinnern, sondern es ist dessen Vorbedingung. Erst da, wo die Wunde wieder zusammenwuchs, entstehen die Spuren, die das Vergangene sichtbar und lesbar machen. Jenseits der noch klaffenden Wunde, für die es keine Worte gibt, wird der Dichter, für den die unmittelbare Wahrnehmung des Traumas immer ferner in die Vergangenheit rückt, »Heimgeführt ins Vergessen«, bis zu jenem Ort, wo die zusammengewachsene Narbe sich ihm als Inschrift der Trauer offenbart. Wunde – Inskription – Verschlüsselung sind Stadien des lyrischen Prozesses.

Celans Texte sind verdeckte Fallen. Oder Lackmus-Streifen für Gesinnungs-Säure. Sie machen verdeckte Faschismus-Partikel sichtbar, erkennbar. Verdeckte Fallen, denn Celan wählt nicht den Weg der direkten Attacke. Er ermöglichte denen, die nicht verstehen wollten, eben dies Nicht-Verstehen. Er erregte keine Skandale, griff nicht die schnell saturierte BRD-Wohlstandsclaque der fünfziger Jahre an, richtete das Wort nicht gegen, sondern an sie, wie zum Beispiel 1958 in einer »Ansprache anläßlich der Entgegennahme des Literaturpreises der Freien Hansestadt Bremen«:

»Denken und Danken sind in unserer Sprache Worte ein- und desselben Ursprungs. Wer ihrem Sinn folgt, begibt sich in den Bedeutungsbereich von – ›Gedenken‹, ›eingedenk sein‹, ›Andenken‹, ›Andacht‹.«

Für die Hellhörigeren unter seinen Zuhörern müßte freilich auch dieser ambivalente Modus des Danksagens unschwer als nur leichtverschlüsselte Anklage dechiffrierbar gewesen sein. Die konventionell-urbane Phrase: »Erlauben Sie mir, [meine Damen und Herren] Ihnen von hier aus zu *danken*« bekommt auf der Basis dieser Lesart eine in der Konsequenz nicht minder aggressive Schärfe wie die erwähnten Aussagen Erich Frieds. Aus der Geste des Danks, der Verständigung, wird Appell zur Selbstanalyse, Selbstanklage jedes einzelnen unter der Prämisse der Augenzeugenschaft und des Erinnerns. *Meridian*, Prüfungsfeld dieses Prozesses ist die Sprache, allein sie:

»Erreichbar, nah und unverloren blieb inmitten der Verluste dies eine: die Sprache. Sie, die Sprache, blieb unverloren, ja, trotz allem. Aber sie mußte nun hindurchgehen durch ihre eigenen Antwortlosigkeiten, hindurchgehen durch furchtbares Verstummen, hindurchgehen durch die tausend Finsternisse todbringender Rede. Sie ging hindurch und gab keine Worte her für das, was geschah; aber sie ging durch dieses Geschehen. Ging hindurch und durfte wieder zutage treten, ›angereichert‹ von all dem.«

In diesen wenigen Zeilen sind Glaube und Absage an das Prinzip der Sprache und des Sprechens ausgedrückt. Celans Texte sind keine Versöhnungsautomaten, sondern Spuren-Sicherungs-Protokolle. Schichtenweise abzutragen. Und jede Schicht gilt gleich. Lesen heißt: Eine solche Erinnerungsspur graben, mit den Wörtern nach der zerstörten Wirklichkeit suchen, so wie auch Celan seinen Text, seine Suche ganz buchstäblich mit Graben, Gräbern und Erde, nach der Auslöschung einsetzen läßt: »Es war Erde in ihnen / Es war Erde in ihnen, und / Sie gruben« heißt es im Gedicht *Psalm* in *Die Niemandsrose*. Anonyme Zombies, konturlos, kein Ich, kein Du, kein Wir. Wesen, die in keiner wie immer gearteten Beziehung zu einer als göttlich apostrophierten Instanz stehen:

»Und sie lobten nicht Gott
[...]
[Sie] hörten nichts mehr;
wurden nicht weise, erfanden kein Lied,
erdachten sich keinerlei Sprache.«

Ein Sich-Eingraben, wortlos, gedankenlos, steht am Beginn dieser Anti-Genesis. Und doch ist es exakt diese Abwehrreaktion, die in ihrer Konsequenz zum Ansatz einer neuen Haltung werden wird. Zerstreute Teile verlorener Konzepte von Individualität beginnen, in zerstückelten Dialog mit gebrochenen Satzfolgen und Wortresten zu treten. Wenig später werden die entscheidenden Schibboleth-Losungsworte durch die Schleuse der Sprache getrieben, die freilich auch Kerker der Erinnerung ist:

»DIE SCHLEUSE

Über aller dieser deiner
Trauer: kein
zweiter Himmel.

[...]

Durch
die Schleuse mußt ich,
das Wort in die Salzflut zurück-
und hinaus- und hinüberzuretten:
Jiskor.«

Die Schleuse aber ist kein Durchstieg, kein Wiedereinstieg ins Leben zurück. Mit dem unrettbar geretteten Ich geht auch die gerade gerettete Sprache zugrunde. Bisweilen, bis in die Wurzel (vgl. *Radix, Matrix*) zerstört, bricht das Wort förmlich entzwei, wird wie in *Tübingen. Jänner*:

»nur lallen und lallen,
immer-, immer-
zuzu.

(›Pallaksch. Pallaksch.‹)«

Oder zerbirst wie in *Einem der vor der Tür stand*:

»Wirf auch die Abendtür zu, Rabbi.

....

Reiß die Morgentür auf, Ra– –«

Weniger von einem Zerfall der normativen Syntax ist hier zu sprechen, als von sprachgestischer Verdeutlichung der Grenzen von Rede, Dialog und Austausch. Das abrupt zerbrochene Schlußwort des Gedichts läßt keine Erwiderung zu. Das Wort bleibt im Hals stecken.

Celans Textfallen sind letztlich nur leicht getarnt. Wer in sie fällt, will in sie fallen, wer ihnen auf den Leim geht, hat es nötig. Nimmt man ein Wort und hebt es hoch, so kommt darunter noch nicht ganz Vergessenes zum Vorschein. Unter der »Verfreundung« (Contrescarpe) das tödliche »Souvenierchen«. Unter dem »Wahn« das Beil des Wansbeck und die Beschlüsse von »Wannsee« (*Huhediblu*). Unter dem Gestus der Überzeitlichkeit das Grab mit Todesdatum. In der scheinbaren Ortlosigkeit der Tatort. Hinter dem Jedermannswort das »Mein«-Gedicht (*Atemwende*), hinter dem Rauch die Knochen, hinter dem Kristall das Gas. Celans Poetik des Schreibens entlang dem Wundrand, dem Narbenrand ist nicht auf Heilung angelegt. Es ist eine Art Unheilbarkeit, monotoner, endloser, wiederholter »Unendlich(keits)sprechung«, Unheilbarkeitssprechung eines heillosen Heilungsprozesses. Eine Beschwörung der Unheilbarkeit, an deren Ende der ewige, endlose Tod des Überlebenden steht.

Der Überlebenszeitraum ist so gesehen nur ein Todesaufschub. Ich schreibe, also bin ich *nicht*. Täter und Opfer werden zu Komplizen, zu Partnern der Unheilbarkeit. Von der *Niemandsrose* über *Atemwende* bis hin zu *Von Schwelle zu Schwelle*, *Fadensonnen* und *Zeitgehöft* wiederholt sich das Ritual des »Wundsprechens«: »Wundgelesen«, »wundgeheilt«, »erinnerungswund«, »wundgerändert«, »vernarbt«, »entnarbt«, »aufgerissen« sind nur einige der Wörter aus Celans poetischer Anti-Zauberspruch-Sammlung, die nicht die Heilung, sondern die Verhinderung der Heilung zum Ziel haben. »Sich seine Wunden« wieder und immer wieder »umgraben«, wie es in *Schneepart* heißt, wo auch von dem »für immer geheutigte[n] Wundstein« die Rede ist. Der wütende Zwang des Unendlichsprechens nimmt nicht ab. Im Gegenteil: in einer immer saturierteren Wohlstandswelt und einer immer kultivierteren ›Erinnerungs‹-Kultur, wo selbst das Darüber-Sprechen zu einem Verschweigen wird, steigert sich Celans Gegen-Sprech-Wut:

»UND JETZT, bei strategischer
Großlage, klauen-
signiertes
Gesinnungs-Lametta.

eine Wortlitze, rot-
gefüttert,
näht sich den Mündern
gesamtbarock in die
wund-
geschwiegene
Kommissur.
[...]«

Nicht schwächer, sondern stärker, unkontrollierbar wird der Reflex, die Narbe als Wohnort zu wahren: »nackt und messernah«. Die schmerzhafte Konfrontation, die Konfrontation mit dem Schmerz wird zur Erinnerungstechnik, zur Obsession. Gewissenstortur, Selbstfolter des »schuldig« Über-lebten, Übrig-gebliebenen? Tatsache ist, daß das Wortfeld »Schmerz«, »Wunde«, »Narbe«, »Eiter«, »Verfaulen« zum Synonym für »Leben« wird. Tatsache ist auch, daß Celan dazu neigt – dies stellt sich mit dem Auswerten des Nachlasses immer deutlicher heraus –, diesen internen Prozeß nach außen zumindest teilweise zu tilgen. Erstens, indem er die Gedichte von der Erstfassung bis zum endgültigen Text »entschärft«, veruneindeutigt. Zweitens, indem er die direktesten, unmittelbarsten, persönlichsten, polemischsten Gedichte nicht aufnimmt. Drittens, indem er den Ausdruck von Polemik, Wut, »Schroffheit« zurücknimmt.

Bis der ›Überlebende‹ Celan 1970 in der Seine seinem Überleben ein Ende setzte, hat er versucht, den Prozeß der mentalen Wiedergutmachung durch ›Wieder-Jud-Machung‹ zu torpedieren. Sein Medium hierfür: die Sprache. Die Dichtung, die – das stillsanfte Celan-Bild ist zu revidieren – dröhnend, nicht raunend auftritt:

»Narben-wahr

EIN DRÖHNEN: es ist
die Wahrheit selbst
unter die Menschen
getreten,
mitten ins
Metapherngestöber.«

Wer die peinliche Bemühtheit der Gedenkkultur auf Täterseite kennt, weiß, daß Celan am kürzeren Hebel saß. Selbst er wurde vom Metapherngestöber der Nachfahren erfaßt und überlagert, bis zur Unkenntlichkeit zerwissenschaftlicht, von Spezialisten seziert, in Gedächtnisvitrinen ausgestellt. Der Traum von »einem Stück unvergrabener Poesie« ist ausgeträumt: Kommentar- und Siglen-überlagert, ist Poesie-Autopsie die Regel. »Knochen-Hebräisch zu [Philologen-] Sperma zermahlen«. Celan hatte zu diesem Punkt recht. »Niemand zeugt für den Zeugen«. Er, der sich vor dem Verdacht des Plagiats zu schützen versuchte, ist den Plagiatoren, Vermarktern, Kompensatoren schutzlos preisgegeben.

Ruhe sanft, Celan. »Ruhe aus in deinen Wunden«, »durchblubbert« von »Zeit- und Ungesang«, von den »nemtskich infidelium«, von »kuschenden Kleinhermetikern« und »knurrenden Großhermetikern« und glimmerkrösigem »bundesgenössischen Denken«, »Wahrheitskonsumenten« und »schrundigen« Gedenkartikelhändlern. Es bleiben die Textoberflächen. Darunter die »Tiefsee« der Erinnerungen. Darunter das Schweigen.

»Unser Auschwitz« – Tabu und Tabubruch als Marketing-Konzept

Alle drei bis fünf Jahre streckt die Schimäre, die die Deutschen mit sich herumschleppen, die Fühler aus: Fühler aus Sprache, die Witterung mit der Wirklichkeit aufnehmen. »Jenninger«, »Mölln«, »Möllemann«, die Diskussion geht weiter; »Goldhagen«, »Wehrmacht«, »Leitkultur« – alle paar Jahre ein Stück weiter; Botho Strauß' »Bockgesang«, Frank Castorfs »faschistoide Lust« – die Fetzen fliegen, Carl Schmitt, Sloterdijk, intellektuelle Zündeleien, Hrdlicka, Broder, Reich-Ranicki. Aus Passanten werden Paare: Grass–Reich-Ranicki, Bubis–Walser, Reich-Ranicki–Walser, Schirrmacher–Walser – immer wieder Walser, auf dem Weg zur Antisemitismus-Ikone, nein, um Gottes willen, wo denken Sie hin, ungeheuerliche Unterstellung; der Walser ist doch kein Faschist. Natürlich nicht! Natürlich nicht?

Eine Endlosdiskussion mit offenem Ende. Die Zuhörer aber nehmen nicht Reißaus, sondern sehen sich zur Anwesenheit verpflichtet: »Ich fürchte, jetzt muß ich das Buch lesen« oder »es mir antun«, war einer der meistgehörten Sätze, nachdem Walsers Schlüsselroman *Tod eines Kritikers* (2002) erschienen war. Und obwohl einerseits das Bedürfnis, sich den Schlägen der »Moralkeule Auschwitz« zu entziehen, immer deutlicher formuliert wird, findet sich das

Thema mehr denn je auf der Agenda. Fast scheint es, als sei dieser Teil der Erinnerungskultur auf dem besten Wege dazu, seinerseits ›Kult‹ zu werden. Und quotensteigerndes Marketing-Instrument. Oder glaubt jemand allen Ernstes, das albern-öde kleine Walser-Büchlein über den scheintoten Ehrl-König Marcel Reich-Ranicki hätte ohne die melodramatische »j'accuse«-Geste, ohne die großartige Feuilleton-Regie der bewährten Schirrmacher-Truppe diese absurde Öffentlichkeit und Aufmerksamkeit erfahren? Ein echtes Profi-Team des effektvollen In-Szene-Setzens von »Tabubrüchen« und Tabubruchsversuchen.

Man erinnert sich: dieselben Beteiligten, derselbe Raum, Dezember 1998. Leitmedium FAZ titelt am 16. im Stile einer Berichterstattung über atomare Abrüstungsverhandlungen: »Bubis und Walser haben miteinander gesprochen«. Erinnerungsbilder werden wach. Walser, das Rotweinglas in der Hand und ein höflich-süffisantes halbes Herrenmenschlächeln auf dem Gesicht. Bubis erregt, verstört, irritiert. Die Kommentatoren feierten dennoch stolz den Beginn »einer neuen Sprach[regelung] der Erinnerung«. Eine deutsch-jüdische Farce der Sonderklasse. Fakt ist, seit 1998 ist öffentliches Reden über eine Beendigung des Gedenkens an den Holocaust gestattet, da mag man den Begriff des ›Schlußstrichs‹ noch so empört von sich weisen. Ganz eindeutig scheint im kollektiven Halbbewußten durchaus nicht nur der deutschen Stammtische, sondern nun auch der Salons und Seminare die Halbwertsdauer der Trauer überschritten. Holocaustdenkmals-Diskussion und Reichskristallnacht-Gedenken hin, Synagogenrestaurationen und *Schindlers Liste* her: die Unwilligkeit zu trauern ist mit Händen zu greifen. Dazu paßt dann auch ein Monumentaldenkmal, das in Berlin ohnehin zu so etwas wie einer Art Nationaldenkmal wird, als eine Art Grabplatte, die das Geschehene würdig deckt und deckelt.

Aber ist das wahr? Ist alles erst ab '98 in Bewegung geraten? Auch 1995 war ein guter Jahrgang für saturierte Tabubrecher und notorische wie fahrlässige Sprachspieler und Gesinnungskünstler. Und wieder steht das Leitmedium der deutsch-jüdischen Intellektuellendebatte im Zentrum der Inszenierung. Es geht Schlag auf Schlag. 7. Januar: ein zynisches Plädoyer für ein sich souverän gebendes Laisser-faire in Sachen faschistoider Ästhetik. Befremdet stellt der Verfasser des Artikels »Lust am Atomgewitter« fest, daß derzeit offenbar selbst die »treuesten Tugendwächter und die dümmsten Moralkrakeeler [!] den Mund hielten«. Und dies, obwohl ›Provokationsgenie‹ Frank Castorf öffentlich davon schwärmt, daß »*wir* faschistoide Gedankengänge bräuchten«, Bewegung, Tabuverletzung, Verletzung, Sehnsucht, Vitalität, Lebenskraft von außen, rechtsaußen. Und weil noch immer nichts passiert, setzt man eine Woche später noch eins drauf und gibt Edel-Sympathisant Heino Schwilk, Mitherausgeber der sattbraunen Botho-Strauß-Hagiographie *Die selbstbewußte Nation* (1994) eine halbe Seite, in der dieser die gesamte linke Kritik als »geistlose Brandstifter« diffamieren darf. Er spricht von »moralistischer Legasthenie«, »Denunziationsgebell«, »Verwilderung des Denkens« und politisch korrekter »Blockwartsmentalität«. Und endlich, endlich funktioniert's, auch Alfred Hrdlicka rüpelt los und outet sich – als Nazi. Als linker Nazi zwar, aber als Nazi. Ein pawlowscher Sturm bricht los. Unerträglich und untragbar seien seine Äußerungen; keinem Geringeren als Wolf Biermann hätte er »die Nürnberger Rassengesetze an den Hals gewünscht«.

Doch bei Licht betrachtet erscheint auch diese moralische Entrüstung nicht weniger gemacht und konstruiert als die später in der Regel erfolgenden »Ent-Schuldigungen«. Hrdlickas Schirrmacher hieß seinerzeit Henryk Broder, und er war es, der den »linken Nazi« erfand. Hrdlicka nämlich hatte, als er Biermann wegen dessen Äußerungen gegen Gregor Gysi angriff, nicht faschistische Methoden gefordert, sondern davor gewarnt:

»Du willst mit keinen Gesetzen leben, die Gysi beschließt?! – Ich wünsche Dir die Nürnberger Rassengesetze an den Hals, Du angepaßter Trottel!«

Jedem, der die Stelle genau liest, muß klar sein, daß es sich hier nicht um einen Wunsch, sondern um eine böse, verzweifelte Verwünschung, um eine schockierende Warnung handelt. Broder aber greift aus Hrdlickas Diatribe einen einzigen Satz heraus und behandelt ihn als schlichte Aussage, als Proposition. Aus Warnung wird Wunsch und Hrdlicka wird nicht das Wort, jedoch der Sinn im Munde umgedreht. So konstruiert Broder seinen linken Nazi und die ideologischen Analphabeten fallen auf den Trick herein. Das mag als philologische Beckmesserei erscheinen. Ist aber doch mehr, nämlich Hinweis auf ein manipulatives Zusammenwirken nur dem Anschein nach separierter Kräfte. Tabubrecher sind Einzeltäter, oft einfach egomanische Irrläufer. Daß aus einer persönlichen Idiosynkrasie, einer individuellen Macke, einer Rüpelei Baustein eines politischen Diskurses, einer gesellschaftlich relevanten Auseinandersetzung wird, dazu bedarf es jener kommunikativen Weichenstellungen im Hintergrunde, die die versprengt herumstehenden Ideologieschrott-Waggons zu Geleitzügen zusammenstellen: Möllemanns strategisches Gestänker plus Friedmans elaborierte Empörung plus Walsers Angriff auf Reich-Ranicki, das Opfer, plus Bodo Kirchoffs ›schund‹-literarischer Nachschlag, und endlich beginnt etwas ins Rollen zu geraten. Da spielt es dann auch keine Rolle mehr, was einer »gemeint hat« oder »eigentlich« sagen wollte. Wenn eine neue kommunikative Ordnung entsteht, bekommen die Begriffe und Argumente neue Wertigkeiten und Bedeutungen zugeteilt.

Früher und lange Zeit konnte selbst ein Martin Walser so doppeldeutig vor sich hinmaulen, wie er mochte, man nahm das Skandalon seines Denkens nicht zur Kenntnis. Bereits in seinem Essay »Unser Auschwitz« aus den sechziger Jahren stimmt der große Mißverstandene das Lied seiner Auschwitz-Überdrüssigkeit an, seiner Trauer-Müdigkeit, ohne daß dies sonderlich aufgefallen wäre:

»Ich verspüre meinen Anteil an Auschwitz nicht, das ist ganz sicher. Also dort, wo das Schamgefühl sich regen müßte, bin ich nicht betroffen.«

Und:

»Für uns wird Auschwitz keine Folgen haben. [...] Wir haben momentan, als Gesellschaft, Erfolg und Erfolg macht unempfindlich.«

Fürwahr, hier macht einer aus seiner brutalen Dominanzlust kein Hehl, wohl aber Pose. Was alles kein Grund war, ihn dreißig Jahre später nicht dennoch mit dem Friedenspreis des deutschen Buchhandels zu ehren, damit er 1998 provokativ-arrogant von der »Banalität des Guten« und vom »grausamen Erinnerungsdienst« sprechen konnte.

Vier Jahre später wird der grausam opportunistische Laudator von damals zum moralinsauren Exekutor von heute, weil's nun mal derzeit unendlich gut ins Skript paßt, dagegen zu sein und weil genau das richtige schlechte Buch wie auf Bestellung im Angebot ist. Alles sehr durchschaubar.

Und billig. Und unwürdig – was soll's, wenn man damit en passant Brunnen vergiften und eine Menge Geld und Geltung kaufen kann, scheint alles erlaubt. Und wir nehmen's ernst und machen mit. Schirrmacher mag ja Recht haben. Es gibt keine Verschwörung. Wir sind längst ganz selbständig dumm. Brave Kultur-Konsumenten. Was für eine Verarmung: der flachste Kopf, der von der wunderbaren deutsch-jüdischen Tradition der Literaturkritik übrig geblieben ist, wird von einem halb oder zu drei Vierteln ausgebrannten Großautor in effigie angefallen, ein geltungssüchtiger Radikalopportunist vom Feuilleton weidet die beiden alten Männer aus, und wir lassen uns wochenlang von diesem Schundromanszenarium eines literarischen Schlachtfestes unterhalten – unterhalten und ablenken. Denn dabei kommen eben nicht nur Texte, sondern auch Anschauungen und Einstellungen unters Messer. Und alles fügt sich paßgenau ineinander: drei Wochen vorher ging der Kanzler demselben Walser um den Bart, um ein paar nationale Pluspunkte zu sammeln. Wir plaudern uns so ganz allmählich, halb Feuilleton, halb Politsalon, in die neue deutsche Bedeutsamkeit zurück. Walser steh uns bei.

»Make Peace not Love« – eine Begegnung von Amos Oz und Izzat Ghazzawi in Tübingen

Was vermag Literatur in Zeiten des Terrors? Was können Autoren gegen Selbstmordbomber und Panzersperren ausrichten? Was kann die Sprache der Literatur den Sprachhülsen der politischen Kampfrhetorik entgegensetzen? Wenn ich meine: viel, so denke ich nicht an die gewohnten wohltemperierten Appelle zu mehr Toleranz und Menschlichkeit.

›Mythos Mitte‹, so könnte man das ebenso unspektakuläre wie hintergründige ›modest proposal‹ der beiden Autoren betiteln, die sich unter dem anfangs bewußt irritierenden Motto des »Make Peace not Love« trafen. ›Mythos Mitte‹, das beinhaltet den Versuch, Normalität herzustellen und selbst Banalität um des Lebens, des Überlebens willen in Kauf zu nehmen. Vor allem für Konfliktgebiete wie Palästina bedeutet dieses Programm, das auf unscheinbaren Taubenfüßen daherkommt, eine Revolution. Oz und Ghazzawi, Jude und Palästinenser, fragen sich, was man tun könnte, um Fanatiker im jeweils eigenen Land zu kurieren und fangen – ausgerechnet – bei der Literatur an. Und sie haben Recht. Gibt es doch kaum mehr eine Form der sprachlichen Vermittlung außerhalb der Literatur, der ideologiefreien Literatur, die nicht von groben Stereotypien, groben Rücksichten, groben Antithesen geprägt und überlagert wäre. Kaum ein Diskurs, ob in Politik oder Religion, Diplomatie oder Journalismus, der nicht das System der großen Wörter bediente: ›Toleranz‹, ›Annäherung‹, ›Aussöhnung‹ etc.

Die Autoren gehen einen anderen Weg, erproben einen Ansatz, jenseits aller Bekundungen, und seine Elemente lesen sich wie Buchstaben und Lettern, die aus unserem kulturellen Setzkasten gefallen zu sein scheinen, vielleicht, weil sie so wenig attraktiv, so unspektakulär klingen. Dennoch, wenn Oz und sein Kontrahent und Partner Ghazzawi Begriffe wie ›Kompromiß‹, ›Ambivalenz‹ und ›Koexistenz‹ ins Spiel bringen, erhalten Sie nicht nur einen neuen Klang, sie werden Bezugspunkte eines neuen Denkens: ausgerechnet Kompromisse, die man meist nur als weich, halbherzig, windschief oder faul kennt, als Schlüsselbegriff des neuen Denkens? Warum nicht, wenn man lernt, sie als unbefriedigende, vielleicht auch schmerzliche Seite der Lebens-Wirklichkeit zu begreifen. Ko-Existenz, wenn man darin wörtlich genommen die Möglichkeit sieht, beide Seiten existieren, leben, über-leben zu lassen.

Es ist schon so, wir haben viele Philosophien des Besonderen und fast ausschließlich Mythen der Extreme: Siegreiche Heldenepen, die Rituale der Opfer, die »hier-stehe-ich-und-kann-nicht-anders«-Pose, den Märtyrerkult, durchaus auch in der höchst eigenen Kultur: der geschundene Korpus Christi hängt in den Klassen, nicht ein lachender Christus, der mit Maria Magdalena ein Glas Wein trinkt. Unvorstellbar. Leider.

Amos Oz macht auf virtuos-witzige, ironische, der 2003 leider verstorbene Izzat Ghazzawi auf unprätentiös-ruhige Art darauf aufmerksam, daß es kaum Mythen der Mitte gibt. Alle sprechen zwar von der Mitte und drängen sich mittesuchend aneinander. Dennoch steht letztlich eher der Terror, die fanatische Form im Mittelpunkt: Die Reinheit hat ihre blutigen Zeichen, aber wer hätte je ein Symbol der Vermischung gefeiert? Pathetische Apokalypsen und vernichtende Götterdämmerungen kennt man. Wer hätte je eine open-end-Geschichte, bei der am Ende alle mehr oder weniger blessiert, aber am Leben sind, gefeiert? Vielleicht Lessing in *Nathan der Weise*. Immerhin fordert er dort seine Figuren auf, »um die Wette [zu] leben«, statt heroisch zu sterben; nach dem Motto »das Leben ist der Güter höchstes«.

Dabei wäre es wesentlich aufregender, sich auf die Wirklichkeit einzulassen, statt auf stereotype Kampfmasken zu starren. Das sagt sich leicht, lebt sich schwer, in Sonderheit im Erinnerungsmausoleum Jerusalem, wo jede Handbreit Materie mit Schichten von Bedeutungen verklebt ist. Auch hier ist Oz' Position von – so ist zu hoffen – entwaffnender Logik: Er spricht grundsätzlich von den »so-called holy places« und meint damit nichts Abschätziges, sondern etwas sehr wörtlich zu Nehmendes: denn tatsächlich genannt, so *genannt* werden die heiligen Plätze. Sprache verwandelt Stein in Symbol und schafft ideologischen Sprengstoff von extremer Gefährlichkeit. Schlimmstenfalls kann ein Quadratkilometer heiliger Orte einen ganzen Landstrich entvölkern. Religionsfriede sei die Voraussetzung zu jedem Frieden sagt ein populärer, wohlmeinender Weltethostheologe mit der gleichen Inbrunst, mit der man früher forderte »Love not War« zu machen. Bei Oz und Ghazzawi werden beide Thesen ad absurdum geführt. Frieden, das sei ein Prozeß, den man unter Umgehung der Existenz von religiösen und politischen Führern herstellen müsse, sozusagen trotz, nicht mit

Religion. Auch mit der Liebe sei es so eine Sache. Friedensherstellung sei hartes Geschäft, Land für Sicherheit; jedenfalls ein *deal*, der beiden Parteien nutze und beiden Parteien weh tue. Verdammt weh sogar. »Bye bye Haifa, bye bye Jaffa«, ruft Ghazzawi den Seinen, »Weg mit den settlements«, Oz seinen Landsleuten zu – und fügt hinzu, daß beide durch einen schmerzlichen Peace-Deal dieser Art auch enorm gewinnen würden. Nicht nur, daß man aus dem öden Kreislauf von Anschlag-Reaktion-Anschlag-Sanktion herausfinden könnte, sondern auch, daß so etwas in Sicht käme wie die längst überfällige Zwei-Staaten-Lösung, für die, so die Autoren, beide Völker im Gegensatz zu ihren Leadern längst innerlich bereit seien. Beim Israel-Palästina-spezifischen Kampf von »right against right« gäbe es keine Alternative hierzu, und sichere Grenzlinien mögen uns wohlmeinenden Vereinigungs-Europäern vielleicht absurd erscheinen, – dort, so das Doppel, machten sie Sinn.

Nicht zuletzt auch, um das unakzeptable Problem der palästinensischen Flüchtlingslager endlich halbwegs erträglich aufzulösen.

Zwei Staaten mit zwei Völkern, open end, auf Zeit; mit Bürgern, von denen jeder sein Recht auf ein Heim, einen Job, einen Paß de facto einlösen kann, ist das zuviel verlangt? Da braucht man keine Menschenrechtserklärung und auch keine Zehn Gebote oder irgendwelche Resolutionen und Friedensgebete. Bloß keine symbolischen Gesten also und möglichst keine großen Symbole. Wir müssen wieder zum Elementaren, nicht zum »Sein«, zum Da-Sein zurückfinden. Und raus aus den pathologischen Denkblenden, die das Feinddenken so zur Normalität pervertiert haben, daß ein Denken ohne Gegner nicht mehr denkbar erscheint.

Und hier ist die Stunde der Literaten. Es ist ja einfach nicht wahr, oder nur ein Teil der Wahrheit, daß derzeit die Generäle redeten, während die Autoren Krieg führten. Die Tatsache der Existenz von affirmativer Hetz- und Propaganda-Literatur ist schließlich kein Beweis dafür, daß andere Literatur nicht vorhanden wäre. Und auch die Behauptung, daß die arabische Spielregel Treffen verböte, hat sich an den Tübinger Abenden schlicht als Klischee, als Stereotyp erwiesen. De facto ist es möglich und wichtiger denn je, daß unkorrumpierte Autoren den Prozess des ›moving beyond stereotypes‹ verstärkt anregen. Was der Literatur umso leichter fällt, als sie sich nicht als Sprachrohr für Kollektive dienstbar machen läßt, sondern den Einzelfall, das Individuum ins Zentrum – also in die Mitte rückt.

Der intime Verkehr mit der Sprache ist der subversivste Weg der Rehabilitierung der eigenen Wahrnehmung und damit Einlösung des Rechts auf eine eigene, nicht eine übergestülpte Wirklichkeit zweiter Hand. Oz' Ruf nach einer Lösung von den »Hundert Jahren Einsamkeit« im Fadenkreuz des verhärteten, fruchtlosen Kampfs, Ghazzawis Erinnerung daran, daß der Autor dazu verurteilt sei, »die Geschichte aus dem Bann der Illusionen zu befreien«, sind überzeugende Appelle, aus dem Stammesgehege der Konfliktszenarien auszubrechen. Dieses Abenteuer beginnt im Kopf. Seine Werkzeuge sind – paradoxerweise – auch solche ästhetischer, wahrnehmungspsychologischer Natur: Imagination, das literaturvermittelte Langzeittraining in der Kunst, sich permanent in den anderen hineinzudenken bzw. sich selbst aus dem Blickwinkel des anderen zu beobachten – humorvoll, relativierend, selbstironisch. Minutenlange Standing Ovations für beide Autoren waren der bewegende Ausdruck der gebannten Zuschauer, den couragierten

Schriftstellern zu danken und sie zu motivieren, diesen Kampf um eine »ästhetische Erziehung« der Menschen zu verstärken. Trotz der Bomben. Wegen der Bomben.

Dieses annähernd symmetrische Zwiegespräch in Zeiten der Parteilichkeit machte nicht zuletzt auch etwas Entscheidendes über unsere Rolle, die Rolle der Deutschen, der Europäer in diesem Konflikt klar, und auch hierin stimmten die beiden »Feinde« überein. Unsere Energien, die materiellen, die ideellen, die emotionalen, haben stets *beiden* Seiten zu gelten. Denn dies ist, um es noch einmal zu sagen, kein Kampf von »good guys« gegen »bad guys«. Beide sind Opfer. Beide sind Täter. Nachzurechnen, wer der mehr oder weniger Schuldige ist, wann und wo und weshalb dieser Krieg begonnen hat, wäre so bizarr, als würde man, während zwei Schwerverletzte in Autowracks bluten, die Schuldfrage erörtern. Man muß die Gunst der Stunde ausnutzen, in der beide Völker, so die Autoren, gedanklich weiter sind als ihre Führer. Dieser Krieg ist tot. Alle wissen, was kommen wird: eine Scheidung. Eine Trennung. Schmerzhaft und unbefriedigend. Einer dieser ärgerlichen Kompromisse, die nur Nachteile haben und *einen* Vorteil: den, daß jeder weiter leben kann.

Amos Oz und Izzat Ghazzawi stimmten vollständig darin überein, daß das Verhalten der auf beiden Seiten noch immer agierenden politischen Führer sich auf einem diesen Beispielen entsprechend regressiv-infantilen Level bewegten. Während beide Gesellschaften, sowohl die israelische wie die palästinensische, in ihrer überwiegenden Mehrheit realitätsnäher, erwachsener mit den politischen Gegebenheiten umgingen. In einer ideologischen Hochspannungszone, im Vergleich zu der die Brücke über die Drina, Checkpoint Charlie oder die Berliner Mauer als nachgerade neutral erscheinen, gilt es, diese lebensnotwendige und überlebensnotwendige Wirklichkeit neu in den Blick zu bekommen.

Die israelisch-palästinensische Front ist falsch aufgestellt. Nicht Israel auf der einen, Palästina auf der anderen Seite sind die wirklichen Gegner, sondern der Blätterteig der Symbolisierungen auf beiden Seiten. Die Befreiung *beider* Seiten von ihren todbringenden Gedächtnisfesseln ist das eigentliche Ziel. Der Kampf »eigenes Leben« gegen »kollektive Symbole« ist ein schwerer Kampf, David gegen Goliath gleichsam. Er hat nichts mit einem ebenso utopischen wie unglaubwürdigen »Frieden der Religionen« zu tun, noch mit Ethos, Moral oder dem Prinzip Hoffnung. Es geht um Existentielleres, es geht um Ko-Existenz, um Existenz. Darum, sich *nicht* in die Luft zu sprengen, weil man keine Lebensmöglichkeit mehr sieht, sich nicht provokativ einzuigeln und abzutöten, nicht monatelange Belagerungen im eigenen Land durchzuführen und zuzumuten, nicht die Länder sinnlos nach innen auszubluten und nach außen abzuriegeln. Es geht nicht um Höheres bei diesem Kampf »Recht gegen Recht«, es geht um Elementares. Normalität, Banalität: ums Essen, eine Wohnung, einen Job und einen Paß. Eine Toilette. – Forderungen dieser Art haben nichts mit philosophischen Spekulationen zu tun. Die Genfer Vorschläge von 2003 (an deren Vorbereitung Amos Oz intensiv mitwirkte) könnten ein Schritt zu ihrer Realisierung sein.

Magische Verdichtung – Sebalds Wirklichkeitsbeschwörungen

Jahrelang habe ich mich darum bemüht, Winfried Georg Sebald, also Max Sebald, als Dozent für die Tübinger Poetik-Dozentur zu gewinnen. Immer wieder kam Terminliches dazwischen. Aber 2001 war es soweit. Er hat mir zugesagt. Für das Sommersemester 2004, denn bis zum Frühjahr 2004 sei er jeweils halbjährlich an seiner Universität in Norwich bzw. als Fellow des ›National Endowment for Science, Technology and the Arts‹ so ausgelastet, daß nichts Zusätzliches mehr möglich sei. Aber dann, ab Sommer 2004 »sollte es etwas lichter werden: Hoffentlich!« – wie er skeptisch hinzufügte. So schrieb Sebald mir am 12. Mai 2001, und bei einem Treffen in Stuttgart im Sommer dieses Jahres wurde dann, gemäß dem Prinzip Hoffnung – und wirklich, wie wir schmerzlich erfahren haben, viel zu optimistisch – schon etwas über Themen gesprochen. Bezeichnenderweise bei einem Spaziergang auf einem Friedhof, da ginge er am liebsten, das wären seine Orte ...

Auf seine unpreziös-nüchtern-freundlich-verzweifelnde Art hat er mich darauf aufmerksam gemacht, daß ich ihn doch schon vor zehn Jahren in Tübingen »gehabt hätte«. Und tatsächlich (so einfach war das einmal) war Sebald, noch vor Beginn seines nobelpreisnahen literarischen

Höhenflugs, Gast eines kleinen »Tübinger Literatur-Forums« zur »Europäischen Kultur« – im Februar 1992.

Nicht nur um Europaträume ging es damals, wie man sich denken kann, sondern auch um mögliche Fehlentwicklungen, die Sebald bereits damals früh und punktgenau artikulierte und in schonungslos melancholischer ›Ratlosigkeit‹ darstellte. Der einzige der ganzen Gruppe, der keinen Rat geben wollte. Weil er bereits damals spürte, daß die Gesamtentwicklung auf einen »europäischen Mega-Supermarkt zusteuert«, der verheerende Folgen für die Menschen und die Natur haben würde. In der Diskussion sagte er:

»Es ist doch ganz sicher, wenn Sie nur ein bißchen um sich schauen, daß man nicht aufhört, bis alles erobert sein wird. Wir sind Zeugen eines restlosen Vernichtungsvorgangs, einer restlosen Kolonisierung jeder noch so entlegenen Provinz.«

Vielen Zuhörern war das zuviel an Pessimismus. Manche reagierten regelrecht aggressiv auf die ganz unrhetorisch und fast emotionsfrei vorgetragenen Thesen. Es ging damals Schlag auf Schlag; O-Ton Sebald:

»– so etwas wie eine Nationalkultur [gibt es] eigentlich nicht [...], und wenn es schon eine Nationalkultur nicht gibt, ... dann ist natürlich eine Europakultur, also eine potenzierte Nationalkultur, eine Absurdität sondergleichen. Ich halte es nicht für möglich, eine geeinte Europakultur in irgendeiner Form herzustellen.«

Und: Der Wunschtraum einer differenzierten Europakultur, wie es sie etwa zur Zeit der Romantik gegeben habe, bedürfe absolut keiner Formalisierung. Sebalds These:

»Ich glaube, daß die entscheidenden Prozesse heute an dem *interface* Naturgeschichte und Ökonomie stattfinden, und daß alles, was wir über Politik und Kultur sagen, sekundär, tertiär, bedeutungslos ist. Wie unser Leben in 10, 20, 30 Jahren aussieht, entscheidet sich einzig und allein an diesem Punkt.«

Daraus abgeleitet eine weitere These: Der Kult der »Differenz« sei bloßes Wunschdenken, denn:

»Überall wird nach denselben Prinzipien gewirtschaftet, von Neuseeland bis nach Schottland. Es ist keine Differenz im Kollektivverhalten festzustellen.«

Es sehe so aus, als ob die Spezies Mensch von dem Zwang besessen sei, immer mehr zu produzieren, um mehr werden zu können und umgekehrt. Das lasse einen Ausstieg unmöglich erscheinen. Zukunft ade, denn:

»Der Riß zwischen Natur und dem, was nach der Natur kommt, geht mitten durch uns hindurch, durch unsere Körper und durch unsere Seelen, weil wir Agenten des Transformationsprozesses sind von Natur in etwas anderes. [...] Man kann prinzipiell nicht sagen, was sich aus der Gegenwart entwickelt.«

Was die Literatur in solch einer Situation tun könne, wurde gefragt. Ob sie etwas tun könne? Sebald hat nur ganz traurig-verschämt gelacht und gesagt: »Nein, das glaub ich nicht. Wie denn, wir beschreiben doch nur eine Struktur«, wir sitzen doch nur im Bremserhaus. Und die Bremse ist kaputt. Man könne nur so tun ›als ob‹, denn für die Literatur gilt:

»Ihre Zeit ist das Imperfekt. Ist dieses abgeschafft, dann hört auch das Erzählen auf. Bereits jetzt gibt es zahlreiche Texte, die daran kranken, daß ihre Autoren keine eigene Erinnerung mehr haben. Immer öfter fällt mir auf, daß die literarische Sprache vom Isotop der Ausdruckssprache mehr und mehr abgezogen wird und sich dem Isotop der Informationssprache nähert, die, alles andere als genau, bestimmt ist von einem hohen Grad der Redundanz. Literatur assimiliert das Gebrabbel der Kommunikation. Damit sind Tür und Tor geöffnet. Autor kann jetzt jeder werden. Bücher, auch literarische, gibt es weit mehr denn je. Eine absolut und relativ größere Menge von Menschen nimmt heute Anteil an künstlerischen Produkten und wird mit einer nie gekannten Vielfalt von solchen Produkten beliefert. Allein in der deutschen Schweiz, wo es im ersten Jahrhundertdrittel nur den einsamen Robert Walser gegeben hat und nachher, wie man weiß, lange Zeit nur den Frisch und Dürrenmatt, gibt es heute gute fünf Dutzend an die Öffentlichkeit getretene Schriftsteller mit Kulturanspruch. Das liegt nicht daran, daß die Deutschschweizer dabei sind, eine Art kollektiven Geniestreich zu vollführen, wie man das seinerzeit von den Grazern mit gewissem Fug noch behaupten konnte, sondern es liegt an einem neuen Produktionssystem, das Jahr für Jahr mehr auswirft, wenn auch nicht viel Halt- oder Brauchbares. [...] Und kommt doch einmal so etwas zustande wie eine gültige Beschreibung der Gegenwart, so geht es unter in dem von der hochentwickelten Marktwirtschaft beförderten Pluralismus, in dem alles gleich gültig ist.«

Nicht nur, was den Blick in die Zukunft betrifft (den Begriff der ›Globalisierung‹ hat man damals noch kaum gekannt), auch was die Möglichkeiten des Autors, auch des engagiertesten, anbelangt, war Sebalds Analyse zutreffend und realistisch. ›Kassandra‹ sagt man zu denen, die früher etwas spüren als andere.

Zeuge, Protokollant, Nachforscher, Nachgräber, Archäologe kann man seiner Meinung nach noch sein, mehr nicht. Und dies ist keine Kleinigkeit in einer Zeit, in der alles überformt, bis zur Unkenntlichkeit überformt wird. Es grenzt schon fast an ein Wunder und ist ein überraschend gutes Zeichen für den Zustand der literarischen Öffentlichkeit, daß ein solch besessen eigenständiger, kompromißlosgenauer Lebens- und Literaturentfälscher, solch ein süchtig-obsessiver Spurensucher und Hyperrealist, wie er eine

Chance erhielt, wahrgenommen wurde. Daß man die Genauigkeit seiner hoffnungsfreien Reste- und Relikte-Recherche, seiner dezidiert unoptimistischen Memorial-Manie teilen wollte. Sein Erfolg stimmt paradoxerweise optimistisch, zeigt sein undisputabler Ruhm doch, daß es – entgegen allen Mystifikationen im Dienst des Mythos ›Quote‹ – ein nicht zu gering zu veranschlagendes Bedürfnis nach Authentizität gibt. Ich verwende das allmählich (ähnlich wie ›Utopie‹) zum ›dirty word‹ verkommene Unwort des ›Authentischen‹, um ein tiefes Bedürfnis in uns allen zu beschreiben, sich Postmoderne hin, Virtualität her, nicht damit abfinden zu wollen, nur mehr mit Wirklichkeits-Fakes, Realitätssimulationen und Oberflächenperspektiven abfinden, abspeisen zu lassen.

Sebald nämlich geht immer unter die Haut der Dinge und der Bilder: wie Alexander Kluge traut er weder der Macht der Bilder noch der Macht der Wörter alleine, sondern wählt den Weg der Gegen-Lektüre: mit Wörtern werden die Foto-Bilder eingelesen. Die bloß begriffliche Umschreibung wird umgekehrt durch das Bild konkretisiert. So wird jedes Ding, wird der Raum, werden die Orte und auch die Figuren von zwei Seiten her ins Visier genommen, ganz wie das gute Archäologen (der Poetik) machen sollen.

Eher an Peter Weiss, als den vielleicht gedanklich noch näheren Arbeitskollegen von Sebald mußte ich denken, als ich im Austerlitz-Buch auf jene Seiten stieß, in denen der Erzähler Austerlitz auf der Suche nach sich selbst vom Kloster des Ordens Maria von Bethlehem berichten läßt und von den Menschen erzählt, die in früheren Jahrhunderten in diesem Teil Londons lebten. Plötzlich treten Reste dieser Menschen, ihre Skelette zutage, in Packungen von Gerippen, die aus dem schlammigen Boden ragen:

»Ich bin damals des öfteren dort gewesen, sagte Austerlitz [...] habe photographische Aufnahmen gemacht von den Überresten der Toten, und ich entsinne mich, wie einer der Archäologen [...] mir gesagt hat, daß in jedem Kubikmeter Abraum, den man aus dieser Grube entferne, die Gerippe von durchschnittlich acht Menschen gefunden worden sind. Über die [...] mit Knochen zusammengesunkenen Leiber versetzte Erdschicht war im Verlauf des 17. und 18. Jahrhunderts die Stadt gewachsen.«

An dieser Stelle dokumentiert der Erzähler dann Austerlitz' Bericht mittels einer seitengroßen Fotografie, die vier klaffend grinsende Totenschädel im feucht-lehmigen Aushub der Grabung zum Greifen nah zeigt. Um dann, wenige Sätze später, eine Grabungsebene höher, die Spuren darauffolgender Lebenswelten zu sichten und karthographisch aufzunehmen; jetzt wird die ganze Stadt zum faulenden Gerippe:

»[...] in einem immer verwinkelter werdenden Gewirr fauliger Gassen und Häuser, zusammengebacken aus Balken, Lehmklumpen. Um 1860 und 1870 herum wurden diese Elendsquartiere gewaltsam geräumt, und ungeheure Erdmassen, mitsamt den in ihnen Begrabenen, aufgewühlt und verschoben, um damit die Eisenbahntrassen, die auf den [...] Plänen sich ausnahmen wie Muskel- und Nervenstränge in einem anatomischen Atlas, vorantreiben zu können.«

Es ist wie eine ganz und gar ins Unmetaphysische gewendete Wiederauferstehung der Stadt-Struktur aus den verwesenden Körpern seiner ehemaligen Bewohner. Doch Sebald ist kein literarischer Spieler, der mit der ›morbidezza‹ des Verfalls kokettierte. Und kaum klingt das Motiv der biologischen Kompostierung des Körpers der Stadt an, wird deshalb auch bereits – kontrapunktisch – das Planfeststellungsverfahren der Bahn graphisch eingeblendet: in Gestalt des Gleisplans im Aufriß.

Dieses permanente Oszillieren der Wahrnehmung zwischen Beschreibung, Verfremdung, Konkretisierung, Distanzierung, Evokation und Brechung führt zu jenem pluridimensionalen Erzählkosmos, für den Sebald nicht nur berühmt ist, sondern in dem er beheimatet war. Er war nie wie der sehr frühe Peter Handke dies von sich sagte, »ein Bewohner von Elfenbeintürmen«; Max Sebald bewohnt, beschreibt, beschrieb, be- und verschriftete, verschriftlichte alles und jedes und verwandelte es in Baumaterial *seines* literarischen Kunstraums voller alter unsichtbarer Städte, verlassener Pavillons, Kasematten, Bastionen, Gehege, Bahnsteige, von denen längst keine Züge mehr abfahren, Fotos von Menschen, die es längst nicht einmal mehr in der Erinnerung ihrer toten Zeitgenossen noch gibt – alles, alles kann für den magischen Moment des Erzählens (und also auch des Lesens) zurückverwandelt werden ins Leben, um im nächsten Augenblick bereits wieder in der Dunkelzone eines vergessenen Archivs zu verdämmern. Manchmal, dies sind die anrührendsten Momente, entdeckt ein erzählendes Ich sogar ein Gespenst von sich selbst, das irgendwann einmal irgendwo saß und auf ihn wartete:

»Tatsächlich hatte ich das Gefühl, sagte Austerlitz, als enthalte der Wartesaal, in dessen Mitte ich wie ein Geblendeter stand, alle Stunden meiner Vergangenheit [...] als sei das schwarzweiße Rautenmuster der Steinplatten zu meinen Füßen das Feld für das Endspiel meines Lebens [...] vielleicht sah ich darum auch in dem Halbdämmer des Saals zwei im Stil der dreißiger Jahre gekleidete Personen mittleren Alters [...] und auch den Knaben, den sie abholen gekommen waren: [...] seine Beine, die in weißen Kniesocken steckten, reichten noch nicht bis an den Boden, und wäre das Rucksäckchen, das er auf seinem Schoß umfangen hielt, nicht gewesen, ich glaube, ich hätte ihn nicht erkannt, sagte Austerlitz.

So aber [...] erinnerte ich mich zum ersten Mal [...] an mich selber, in dem Augenblick, in dem ich begriff, daß es in diesem Wartesaal gewesen sein mußte, daß ich in England angelangt war, vor mehr als einem halben Jahrhundert.«

Keine Spintisiererei ist dies, sondern die präzise Nachzeichnung einer jener zugleich einfachen und sehr komplizierten Tagtraum-Mechaniken, die doch bisweilen jeden von uns überfallen – oft ohne daß wir davon wissen. Im Gegensatz zu den meisten von uns sprachlichen und imaginativen Normalverbrauchern und – das wage ich zu sagen – im Unterschied zu manch einem der flottfedrigen Kollegen von Sebald, begnügt dieser Erinnerungs-Vergegenwärtigungs-Künstler sich nun eben nicht damit, etwas Déja-vu-Artiges hinzuzaubern oder mit irgendwelchen klugen Abstrakta nach ›Magischem Realismus‹ oder ›surrealer Verdinglichung‹ zu stochern, sondern am Material der Sprache und der Dinge, der Bilder, Wörter und Gefühle, die diesen Vorgang nach 50 Jahren wieder-erwecken, nach-spüren, noch einmal, vielleicht jetzt überhaupt erstmals empfindbar werden zu lassen, Erfahrungen zu dokumentieren. Das Ganze ohne feierlichen Mystizismus, ohne Unaussprechbarkeiten. Sozusagen ein moderner Proust auf der Suche nach seiner verlorenen Zeit jenseits des besonderen, auratischen, ästhetizistischen Gepräges, was sich bei diesem reflexartig einstellt.

Max Sebalds magischer Verdichtungsrealismus nimmt alles akribisch auseinander, beschreibt minutiös, was passiert und wie es passiert, daß einer ein verlorenes Bild von sich selbst unter der Lupe und dem Licht der Gegenwart noch einmal lesen lernt und in die gedachten und gefühlten, gesprochenen und gespürten Koordinaten von damals zurückführt.

Ob es, wie Ruth Klüger meint, »Wanderungen zwischen falschen Leben« sind, auf denen wir Sebald lesend ein Stück begleiten oder, nach Sigrid Löffler, Versuche, zum Scheitern verurteilte Versuche, »Trümmerfelder abgelebter Zeiten« zu beleben, oder um mit Susan Sontag zu sprechen, »herzzerreißende Klagereden über irreversible Zerstörungen« – es fällt auf, daß fast alle der sonst nicht eben für kritische Zurückhaltung bekannten Literaturkenner im Fall Sebald geradezu ehrfürchtig-verehrungsvolle Töne anschlagen.

Nicht, daß ich an der herausragenden Qualität von Sebalds Schreiben, dem unprätentiösen Ernst seiner Sprache, ihrer Geschmeidigkeit, ihrer Präzision auch nur die geringsten Zweifel anmelden möchte. Ich versuche nur zu ergründen, was sich hinter dieser Ehrfurcht verbirgt, weshalb sie sich ausbildet. Alexander Kluge zum Beispiel, dessen Werk in mehr als einer Hinsicht dem Œuvre Sebalds an Qualität und im Konzept entspricht, wird nie im selben Tonfall gewürdigt. Die *Chronik der Gefühle* wird als Inventar und Studienbuch der kollektiven Gedächtnisspeicher gewürdigt, der Autor als klug und liebenswürdig geschätzt. Peter Weiss' *Ästhetik des Widerstands* – auch dieses Werk gehört vom Typus her in die Nähe Sebalds – wird geschätzt, gelesen kaum. Peter Weiss geistert als unbekannte Größe durchs literarische Gelände. Fast gesichtslos. Ich gestehe, daß mir gerade im Vergleich mit den angeführten Autoren die geduckte Ehrfurcht der Kaste etwas Sorge macht, weil ich zur Annahme neige, sie beruhe auf einem ziemlich gravierenden Irrtum und grundsätzlichen Mißverständnis. Einem Mißverständnis, wie ich es sonst nur von Kafka kenne. Wenn Kritiker etwas ernst nehmen und ins Schwärmen, einstimmig ins Schwärmen geraten, ist dies immer ein Alarmsignal. Lange Jahre schrieb Sebald nur für die Schublade, weil er zögerte, seine Texte zu veröffentlichen. Uwe Schütte berichtet, Sebald hätte ihm einmal gestanden, wenn er sie seiner Frau vorgelesen habe, sei sie oft dabei eingeschlafen. Das habe, so Sebald, ihm zu denken gegeben ... Frau Sebald wußte eben noch nicht, daß sie einem der größten Magier und »Zauberer« lauschte, daß sie mit ihm »heilige Felder« und »magische Momente« erfahre, »schwerblütige Tintenwelten durchwandle«, daß sie einen »Epitaph des Lebens« dechiffriere, eine »schwarze Geschichtsphilosophie« schwindelerregender, »betörend nach Vollendung strebender Sinngebungen« lauschte, daß sie an metaphysischen Versenkungen, Meditationen teilnähme. Überirdisch An- und Verklärendes an ihr vorbeirausche ...

Dies nur einige der Feuilletonblüten aus dem literarischen Florilegium der letzten fünf Jahre. Dazu eine nahezu epidemische Preisüberschüttung. Festakte. Laudationes in unüberschaubarer Zahl und von immenser sprachlicher Qualität. Sebald ist in Gefahr. Ist in Gefahr, zum Kultobjekt einer Elite zu werden. Gerade er, einer der unprätentiösesten, nüchternsten Menschen, die man kennen lernen konnte. Ihn verehrend und unverbindlich immer neu zu umarmen, ist Alibi für eitles Drauflosschreiben. So haben sie es auch mit Celan gemacht. Auch mit Bernhard. Ein Mantel aus Akzeptanz, Huldigung hebt diese Autoren aus dem Kreis einer Normalität, Materialität, die zu ihnen gehört, die ein Teil ihres Lebens, ihrer Arbeit war. Und deshalb bleiben muß. Kaum einer, der sich so nah an die Wirklichkeit hinter den Worthülsen und an die Wirklichkeit der Wörter selbst herangeschrieben hat wie Max Sebald – und nun soll er von Feuilletonblasen vernebelt werden. Es gibt eine Form der Nüchternheit, die als nüchtern, ja ernüchtert erfahren werden muß.

Kaum einer auch, der wie er im Grunde ironisch-hintergründig, ja kauzig-witzig sein konnte. Aber wenn sich die Hochkritik erst einmal (das ist schon fast wie die Hochfinanz) darauf verständigt hat, einen *ernst* zu nehmen, ist Schluß mit lustig oder etwas schrägen Nebentönen. – Kafkas unbändige, anarchistisch-kindliche Komik im Existenzialismus der deutsch-jüdischen Schmerzerfahrung ist auf Jahre weg. Celans Konkretheit, Verspieltheit ist hinter der Obskuritäts-Maske verdeckt. Lassen wir uns nicht Max Sebald auch noch nehmen. Statt ihn feierlich zu umschreiten, muß er entdeckt, das heißt zuallererst gelesen werden. Dabei wird es Momente der Langeweile geben, wie in jedem Leben. Wie in jedem Buch. Momente und Phasen der Wiederholung, den Eindruck, man lese immer dasselbe. Wie man immer dasselbe macht. Manchmal zuckt etwas Valentinartiges auf. Dann wird es todernst. Dann zerbröselt der Ernst. Dann nimmt man wieder Haltung an.

Max Sebald darf nicht zum Klassiker werden. Erst, wenn einer zum Klassiker geworden ist, wenn sich keiner mehr zu lachen traut aus Angst, sich vor den Kennern zu blamieren, erst dann ist einer wirklich tot.

»Auf der Suche nach der Poesie« – Peter Härtling zum 70. Geburtstag

Wenn anläßlich von irgendetwas Rundem viel über einen Kollegen geredet wird, und zwar in dessen Beisein, tut der mir immer ein wenig leid, und ich fühle mich – stellvertretend – etwas unwohl. Das liegt nicht nur daran, daß es sehr ungemütlich sein muß, öffentlich mit einer Überdosis wohlwollender Nachrede konfrontiert zu werden (und erzählt zu bekommen, was alles Bedeutsames man bisher so gemacht habe), sondern auch an der irgendwie unwirklich anmutenden Szene, ausschließlich auf Menschen zu treffen, die glaubhaft versichern, den Betreffenden zu mögen, immer gemocht zu haben, ihn zu schätzen und schlimmstenfalls sogar zu lieben. Und zwar all dies bereits zu Lebzeiten.

So unerfreulich negativ jedenfalls dachte ich, bevor ich heute hierher kam; da kannte ich ja nur das, was einem zu Jubiläen an der Uni droht. Strafverschärfend im großen Senat unter den zernichtenden Blicken der Porträts ehemaliger Rektoren. Schwarzes Palisanderholz, irgendein festlich wimmernder A-Capella-Choral aus dem frühen 15. Jahrhundert und eine launig-ernsthafte Rede des jeweiligen Dekans (süffisant am Rande der Beleidigung entlangverhaspelt). – Wie gesagt, das *war* mein Maßstab, bevor ich hierher kam und spürte, daß alles auch ganz anders sein kann, und daß hier, hier und heute Abend tatsächlich lauter Menschen aus freien Stücken zusammengekommen sind, weil sie Sie mögen und *Sie* meinen. Menschen, die Sie seit langen Jahren kennen und die mit Ihnen vertraut sind.

Es freut mich sehr, daß ich auf diese Weise die Freude habe, mich dazurechnen zu dürfen, obwohl oder gerade weil uns gar kein solches persönliches Verhältnis miteinander verbindet. Aus irgendeinem Grund ist es selbst in Tübingen nie zu einer Begegnung gekommen. Nicht einmal der Hölderlinturm konnte daran etwas ändern. Nicht einmal Hölderlin, mit dem ich mich doch immer wieder einmal beschäftigt habe. Aber mit Hölderlin hat es zu tun, daß ich Sie dann doch ein Stück weit kennen lernen durfte, nämlich als Ihr *Leser.* Und so spreche ich heute nicht für all diejenigen, die sowieso schon zu Ihrem persönlichen Umfeld gehören, sondern für die Gruppe Ihrer dankbaren anonymen Leser.

Das Hölderlin-Buch also war mein Erstkontakt mit Peter Härtling, vierte Auflage, März 1982. Ich schrieb an der Habilitation über das für mich damals brennend wichtige Thema »dialogischer Strukturen in der europäischen Literatur um 1800« und war gerade einmal wieder etwas am Verzweifeln, weil ich den Hölderlin nicht so recht in den Griff bekam, und begann Härtling zu lesen. Und wußte nach ein paar Seiten mehr als nach einem Dutzend sekundärliterarischer Dutzendware. Ich verstand, daß es möglich ist, (was uns normalerweise aberzogen wird), ganz nah und sehr fern dem Objekt des Interesses zugleich zu sein. Ich begriff, daß man mit einer Kunst-Figur persönlichen Umgang haben kann, daß man gut daran tut, die allzu große regionale Scheinvertrautheit künstlich zu ver-fremden, – überhaupt, daß Annäherung und Distanzierung sehr viel miteinander zu tun haben können. Jedenfalls, *daß* das und wie gut das zusammengeht, Lebensgeschichte und Textschichtungen, eigener Blickwinkel und historische Gerechtigkeit.

Bis dahin war mir das alles vollständig abstrakt erschienen. Hölderlin, das war Text, Idee, Konzept. Nun lernte, begriff ich, Hölderlin, das ist auch ein Leben, ein Leben in der Provinz, in einer ganz speziellen Provinz, in der alle Orte mit »ingen« enden und mit »Tü« oder »Nü« anfangen. Eine Gegend, in der man nicht wie bei »uns« Bayerisch, sondern eine andere, nicht weniger eigenartige und einzigartige Sprache sprach. Mit einem Wort, ich bekam ein Gespür für die Wirklichkeit dieses merkwürdigen Dichters, ohne in den Irrtum zu verfallen, ihn zu kennen: Härtling schreibt in *Hölderlin:*

»Manchmal kündigt sich in einem Leben etwas an, das erst kommen wird [...]. Jeden Tag, ehe ich zu schreiben anfange, blättere ich in der ›Chronik‹ seines Lebens [...]. Das ist Hölderlins Spur, das hat er erfahren, erlebt. Ich kann es, wenn ich mich anstrenge, an einem Tag lesen, sein ganzes Leben. Während des Lesens beginne ich mich an diesen und jenen Hinweis zu erinnern. Meine Phantasie will sich mit einem Satz nicht zufrieden geben, kombiniert, stellt um, verklammert, wiederholt, läßt von Personen nicht ab [...]. Das hat alles nichts oder nur sehr wenig mit dem zu tun, was in dem Augenblick, den ich schreibend zu rekonstruieren versuche, in seinem Kopf vorging. Also nehme ich Abstand, erfinde ihn, bewege ihn, lasse ihn so wenig wie möglich wissen von dem, was ich schreibe«

– und schreibe dann ... Schreibe ihn an, erzähle, konstruiere, verwandle ihn, solange bis ich schreibend, erzählend, konstruierend, verwandelnd sagen kann: ich habe ihn verstanden. So jedenfalls habe ich Sie, lieber Herr Härtling, damals verstanden und folgerichtig weitergeschrieben, immer in der Härtling-Hoffnung, im ›Prinzip Härtling‹, danach, sozusagen als Belohnung für das Schreiben, etwas mehr zu verstehen. Oder, was auch schon viel ist, zu glauben, etwas mehr verstanden zu haben. Du schreibst einen Satz. Der zieht einen anderen nach sich. Unvermutet stößt ein dritter dazu. Die drei bilden eine tuschelnde Gruppe. Und der vierte neuankommende Satz muß sich dann schon – demonstrativ – etwas davon absetzen. Und so weiter. Ich gestehe (und Sie mögen daraus Rückschlüsse auf das geistige Klima Münchens Anfang der achtziger Jahre ziehen), für mich war der Ansatz, von der *Sprache* her zu denken und mit den Sätzen nach der sogenannten Wirklichkeit zu stochern, völlig neu. Und auch falls ich Peter Härtling damit einseitig mißverstanden haben sollte (und vielleicht auch Hölderlin) – Autoren müssen einfach damit leben, daß ihre Leser sie mißverstehen oder liebevoll vereinnahmen. Und immer noch besser, man fällt einem Philologen in die Hände als einem Feuilletonisten. Nicht daß wir mehr von Literatur verstünden. Aber wir lesen die Sachen in der Regel, bevor wir sie nicht verstehen und über sie unverständlich schreiben.

Ob ›Lesen lernen‹ und ›Leben lernen‹ etwas miteinander zu tun haben, weiß ich bis jetzt nicht. Natürlich weiß ich, daß gute Leser nicht notwendigerweise ein gutes Leben haben und schlechte nicht notwendigerweise ein schlechtes. Doch daß Lesen für das Leben gänzlich untauglich machen soll, mag ich auch nicht glauben. Wie es mit dem Schreiben, also dem richtigen Schreiben ist, entzieht sich leider meiner Kenntnis. Ich kann nur aus zweiter Hand Vermutungen anstellen. Früher, in München, dachte ich, es muß eine höllisch faszinierende Sache sein. Stutzig hat mich dann schon gemacht, als ich den kleineren von den zwei Walsern einmal stoßseufzen hörte: »Ich mache mir wirklich Sorgen um meine Töchter. Sie schreiben alle. Sie müssen sehr unglücklich sein.« Da man nun weiß, daß Martin Walser vieles nicht so meint, wie er es sagt und nicht so sagt, wie er es meint, ist damit nicht viel gesagt. Cocteau soll, wenn er schrieb, wie der Leibhaftige gewirkt haben. Batya Gur rauchte bis zum Umkippen. Tankred Dorst verschlingt Unmengen ungesunder süßer Kekse, Peter Turrini verfällt wieder in sämtliche mühsam kurzfristig abgelegten Laster zugleich, wenn er schreibt. – Sonderlich gesundheitsfördernd, soviel kann ich sagen, ohne indiskret zu sein, ist das Schreiben gewiß nicht. Und auch zur Glücksdroge taugt diese Tätigkeit nur sehr bedingt. Ebenso wenig als Mittel, um den Wohlstand nennenswert zu mehren oder wenigstens um unvergänglich zu werden.

Warum also in Teufels Namen schreibt einer? Lebenslänglich und unhintergehbar? Um ausgerechnet auf diesem Weg ›Leben zu lernen‹? Um ein ›Ich‹ zu sichern, indem man es hinter Satzgitter einsperrt und es sich wie einen Kanarienvogel aus Sprache im Buchkäfig hält?

Ich stelle diese Frage nicht rhetorisch und würde mich auch nicht gern mit den üblichen Antworten abspeisen lassen: Erinnerungen speichern? – Also mit getrockneter Tinte an der Vergangenheit kleben. Sich für eine Sache engagieren? – Gegenstimme, leider unhörbar sein? Wahrheit, zumutbare und unzumutbare zuzumuten? Ich glaube nicht, daß eine von diesen Begründungen die Frage ›Warum schreibt einer?‹ überzeugend zu beantworten imstande ist.

Der vergleichsweise unbekannte brasilianische Lyriker Carlos Drummond de Andrade hat die Frage nach dem Wesen des Dichters in seinem Gedicht *Auf der Suche nach der Poesie* zu beantworten versucht. Erst kommt eine lange Liste, was und wie man es nicht machen soll:

»Mach keine Geschichte aus Geschehnissen.
Wahlverwandtschaften, Geburtstage, persönliche Vorfälle
zählen nicht.
Enthülle mir nicht deine Gefühle. Was du denkst und fühlst,
ist noch keine Poesie.
Dramatisiere nicht, rufe nicht an, forsche nicht,
Verlier keine Zeit mit Lügen [...] Laß nicht
Deine begrabene Kindheit aufleben. Dein Gedächtnis ist ein
zerbrochener Spiegel.«

Und erst nach diesen Absagen kommt dann eine kleine Poetik des Schreibens, die ich zitieren möchte, weil ich glaube, sie könnte auch auf die Arbeit unseres Poesiesuchers zutreffen:

»Dring ein in das Reich der Wörter. Dort
sind die Geschichten, die geschrieben werden wollen.
Hab Geduld, wenn sie dunkel sind.
Bewahre Ruhe, wenn sie dich herausfordern
Lebe mit deinen Geschichten, bevor du sie schreibst.
Warte, bis eine jede sich vollendet und an ihr Ende kommt.«

Curt Mayer-Clason, jetzt auch schon weit über 90, hat dies Gedicht des damals 70-jährigen de Andrade (der gleichfalls weit über 90 Jahre alt wurde) kongenial übersetzt und diesen ruhigen, festen, sicheren, geduldigen Gestus festgehalten, diesen Lebensatem aus Sprache, den die Großen unter den Dichtern haben und den sie an uns, ihre Leser zu übertragen vermögen. Diesen sanft nachdrücklichen Zugriff auf die Wertwelten, der den größtmöglichen Gegensatz zu der beherzt-herzlosen Schnellfeuerrhetorik der schönen neuen Medienwelt darstellt. ›1:30 mit O-Ton‹ lautet die Devise. Daumen rauf. Daumen runter. Dazwischen nichts. Da ist es schon ein subversiver, fast anarchistischer Akt, wenn einer nicht Geschichten jagt, sondern wartet, bis sie auf ihn zugehen. Und ihnen kein Netz aus Sprachversatzstücken überwirft, sondern ihren Wörtern, ihrer Sprache lauscht, genau zuhört, bevor er sie in seine Sprache übersetzt.

Warum also schreibt einer, muß einer wie Peter Härtling schreiben? Mit solch einer Passion, solch einer Intensität? Nicht zuletzt, denke ich, um im ›Kampf gegen den Terror‹ zu bestehen, seinen Beitrag zu leisten. Um im Kampf gegen den Terror des Sprachverlusts, den Terror der Normierung, der Modularisierung, der Standardisierung, des infantilen Quotenkults und Ranking-Wahns uns und vielleicht auch sich selbst zu beweisen, daß der wichtigste Teil des Lebens immer noch außerhalb der Medien stattfindet. Noch ist das Leben ebenso wenig ›outgesourced‹ wie das Lesen und das Schreiben. Muß man beides tatsächlich noch selbst tun. *Kann* man beides tatsächlich noch selbst tun. Mit eigener Geschwindigkeit, eigenem Sinn, eigenen Sinnen. Daß man es kann und dabei nicht aus der Zeit fällt, sondern im Gegenteil, zum Zeitzeugen wird, sich nicht ruhelos ranschmeißen muß, sondern souverän *ich* bleiben kann – das bewies und beweist uns und sich Peter Härtling als Prinzip und als Individuum: vierzig plus dreißig Jahre lang. Dafür, nicht nur dafür, aber auch, sei ihm heute hier gedankt. Dafür, daß er Satz für Satz diese Welt für seine Leser, ob Kinder oder Ältere, ein Stück weit durchsichtiger gemacht hat und dadurch die Angst vor dem, was dahinter verborgen sein könnte, lindern half. Und dafür, daß er den Geschichten genau soviel Zeit gibt, daß sie zu sich und wir Leser zu ihnen finden – und so schreibend jenen freien Raum schafft, den ein aufklärender Dialog auf gleicher Augenhöhe braucht. Ein Gespräch kann nur stattfinden, wenn der andere nicht überwältigt wird, sondern das Gefühl hat, vorzukommen.

Da zu sein. Platz zu haben. Auf unterhaltsame Art ernst genommen zu werden. Dank Peter Härtling und seiner Lebens- und Leseklugheit.

»Was nach mir kommt, hat es schwer« – Zu Thomas Bernhard

Die allermeisten der Gegenwartsautoren, der Autoren überhaupt, vergilben schon nach ein paar Jahren. Oder fallen dem Philologenfraß anheim. Fußnotendicke Metastasierungen fressen sich in die Textoberflächen – nach weiteren Jahren zerfällt die Arbeit, gerade auch der Größten, in Bruchstücke einer historisch-kritischen Edition (Wendelin Schmidt-Dengler hat eben mit einer in 22 Bänden begonnen).

Auch das wird Bernhard überleben. Denn: Bei Bernhard ist alles anders. Wenn ich behaupte, er sei unsterblich, meine ich natürlich nichts Metaphysisches oder gar Theologisches, sondern etwas ganz und gar Konkretes, Wirkliches. Nicht als vertrocknete Literaturmumie überlebt Bernhard und nicht als Klassiker, nicht als etwas zu Verehrendes oder Geliebtes oder zu Bewahrendes. Nicht einmal als literarischer Wiedergänger, denn so recht gestorben ist Bernhard eigentlich nie, und so kommt es, daß kein Denkmal ihm dienen kann, keine üble Nachrede ihm schadet.

»Wenn man an den Tod denkt, ist alles lächerlich«, sagte Bernhard einmal; ich denke, er hat aus dieser Erkenntnis beizeiten seine Schlüsse gezogen und frühzeitig die eigene Unsterblichkeit eingeleitet. Hölderlin wurde ja nur durch den radikalen Verzicht auf ein eigenes Leben zur todesfreien, lyrischen Gedenkzone. Goethe hat sein Leben so systematisch verschriftet, beschriftet, textuell abgedichtet, so unendlich oft reproduziert, daß er schon rein quantitativ praktisch unauslöschbar wurde. Anders Bernhard, der sich gleichsam durch literarische Zellteilung beziehungsweise Mitose oder Parthenogenese vervielfältigt. Selbst bei flüchtiger Lektüre der zeitgenössischen Literatur anderer Autoren fällt dem Betrachter auf, daß sechzig bis siebzig Prozent der Texte mehr oder weniger gelungene Bernhard-Imitationen darstellen. Es ist, als ob Bernhard-Stammzellen weite Teile der literarischen DNS des späten 20. beziehungsweise des frühen 21. Jahrhunderts genetisch überformt hätten, und die meisten der neueren Autoren Bernhard-Klone oder allenfalls Bernhard-Mutanten wären; Literatur nichts anderes als eine alles durchdringende, unendlich ausschwingende Bernhard-Paraphrase, die jeden zumindest temporär erfaßt, der irgendwann einmal den absurden Entschluß gefaßt hat, ein paar Seiten selbstgeschriebener Prosa an eine der renommierten Buch-Vervielfältigungsinstitutionen zu senden. Selbst Menschen, die vom Naturell her eher Understatement oder starke Untertreibungen bevorzugen, verfallen im Moment literarischer Ausübungen in den Gestus manischer Übertreibungen. Und solche, die im bürgerlichen Alltag durch straffe Wortknappheit auffallen, werden als Nachwuchsdichter zu veritablen Wortmonstern, die sich in überflutend-endlos-üppigen Sprachkaskaden ergießen.

Bernhard-Epigonen, zwinkert man einander vertraulich zu und weiß doch, daß man damit das Phänomen der posthumen Omnipräsenz des ›Bernhardesken‹ kaum benennt, geschweige denn erklärt. Und erklärungsbedürftig ist es allemal, wenn gerade der Eigenartigste unter den Eigenartigen, der Einzelgänger unter den Eremiten zum Serienproduktlieferanten, zum ästhetischen Massenartikel, zum begehrten

Vorbild der Nachbildner wurde. Ausgerechnet ein Unikat als Imitat? Ich weiß gar nicht, ob Thomas Bernhard großen Wert darauf gelegt hätte, als Einzelfall betrachtet zu werden. Wenn schon, ist schließlich jeder ein Einzelfall und ist damit letztlich keiner mehr, sondern das Produkt einer Serie, Reihe oder Typologie.

Was ist das ›Bernhardeske‹, Bernhardartige nun eigentlich? Vielleicht dieser ganz eigentümliche Denkstil zwischen Kafka und Valentin. »Einfach kompliziert« wird es immer, wenn man sich auf Thomas Bernhard einläßt, wenn man es mit ihm zu tun bekommt: Das allereinfachste Phänomen wird zu einer hochkomplexen Wirklichkeit, und komplizierteste Erfahrungswelten lösen sich umgekehrt in simple Elementarerfahrungen auf. Wissenschaftliche Distanz und unter die Haut gehende Nähe – bei ihm ist dies kein Widerspruch, sondern eine Einheit. Das Modell ›Bernhard‹ ist wie eine Matrix, die in Figuren oder Dinge einrastet und sie solange schreibend einkreist, umkreist, bis sie gleichsam in Einzelteile zerlegt sind. Und trotzdem nicht in Bruchstücke zerfällt, denn alle die Puzzlesteine werden vom Netz einer engmaschig sortierenden Sprache kompakt zusammengehalten; deshalb hat man nie den Eindruck, sich aller Kompliziertheit zum Trotz zu verlieren, was mit ein Grund für den eminenten Vorbildcharakter des Außenseiters Bernhard sein mag. Selbst Zustände vollständiger Zerrüttetheit geraten kraft dieser Sprache in den Bann einer gebändigten chaotischen Ordnung. Der Anarchist des Empfindens als Fanatiker der Ordnung des Diskurses – Bernhard macht wie kein zweiter die Schizophrenien zur Lebens- und Arbeitsform. Wer auch nur ein Interview mit ihm gehört oder gesehen hat, weiß, wovon die Rede ist. Alles liegt in diesem beiläufig-provokanten »nicht« oder »nicht wahr«, das seine Gespräche wie ein roter Faden durchzieht. Manchmal scharf, bisweilen fast versöhnlich wird die kleine rückversichernde Gegenfrage, die normalerweise sozialen Bezug signalisiert, in seinem Mund zur Falle: Wer nicht widerspricht, wird zum Mittäter, und wer hätte es je gewagt, einem Bernhard zu widersprechen? Ein Verleger? Ein Kulturschaffender? Ein Feuilletonist etwa? Dieses teuflisch freche »nicht wahr!« als Krönung der Anmaßung, – Bernhard war ein Dialogpartner, gegen den sogar Rameaus Neffe geradezu sozialverträglich wirkt. Ein boshafter Antipode, ein sozialisierter Agent provocateur in der Wirtschaftswunderwelt der sechziger, siebziger Jahre.

Bernhard verkörpert das Inkommensurable, das Unverdauliche seiner Gesellschaft, das, was man eigentlich nicht sagt, denkt; was ihn von den extremistischen Verstörern, den notorisch politisch Unkorrekten vom Schlage eines Artaud, Céline, Pasolini, einer Jelinek dennoch wesensmäßig unterscheidet, ist diese absolut eigenwillige Verbindung von Ungeheuerlichkeit und Unaufgeregtheit, Aggressivität und kolloquialem Gestus; dieser heitere ›alle-Menschen-sind-ja-Verbrecher,-nicht-wahr?‹-Stil, der einfach alle sprachlos gemacht zu haben scheint.

Parasit, Pflegekind und Provokateur in einer Person, war sich Bernhard der Vorteile seiner Erfolgsstrategie zu bewußt, um sie nicht jederzeit einzusetzen. Gerne und lustvoll hat Bernhard davon erzählt, daß am Anfang seiner Beziehung zum großen Unseld eine veritable Erpressung stand:

»[...] 40.000 (in Worten: vierzigtausend) Mark; weil ich es eilig hatte, in zwanzig Minuten. [...] Unseld hatte zu diesem Zeitpunkt 40 Grad Fieber gehabt. Ich forderte also damals, wie ich heute denke, für jeden Fiebergrad oder für jede halbe Minute tausend

Mark. Nach diesem Geschäft, das mich im Höchstmaß befriedigte […] fuhr ich zu einem Vortrag und dachte die ganze Zeit, daß gute Geschäfte machen wenigstens so schön ist wie schreiben!«

Schreiben als Deal. Sicher keine besonders erhabene Motivation, die da unterstellt wird. Doch abgesehen davon, daß ihm offenbar nichts mehr zuwider war als der schöngeistig gefärbte Gestus des ›Literaten‹, des ›Dichters‹, ist der Bezug zum Geschäft auch aus anderem Grund nicht ganz von der Hand zu weisen. Immerhin bedient sich Bernhard des Prinzips der Schuldenfalle als Motor zur Überwindung gelegentlicher Schreibblockaden. Hohe Verschuldung, meistens bedingt durch den Erwerb teurer Bauernhäuser auf dem Land, steigerte den Druck und: Das nächste Buch *mußte* fertig werden. So erschreibt sich Bernhard de facto das, was man sein zu Lebzeiten errichtetes eigentliches Denkmal, Museum, Mausoleum nennen könnte, sein Toten-Reich. Besucher schildern den befremdenden Eindruck, den die menschenfreien Wohnräumlichkeiten Bernhards erweckt haben: Möbel, Tafelbestecke, Geschirr für 24 Personen, aber niemand, den er je eingeladen hätte. Wie die Schatzkammer eines ägyptischen Pharao, gerüstet für eine unendliche Jenseitsreise.

Einfach kompliziert, was anderes sonst, ist auch die Formel, um das Verhältnis zwischen Binnenraum und Außenwirklichkeit bei Bernhard zu beschreiben. Einerseits ganz einfach: Schläge, Schnitte, Brüche. Keiner, außer Elfriede Jelinek, der kompromißloser angegriffen hätte. Radikaler Rückzug und »Verrammelungsfanatismus« und mentaler Barrikadenbau sind freilich nur eine Seite des Systems. Man müßte sehr blind sein, wollte man nicht den Zusammenhang zum anderen Extrem sehen und den gleichermaßen radikal auf die Öffentlichkeit hin ausgerichteten politischen Menschen Thomas Bernhard erkennen: schonungslos, wirkungswütig, verletzt, verletzend, un-gut. Ein un-guter Mensch.

In diesem Sinn ist Thomas Bernhard politisch wie kein zweiter: Seine Werke sind »Auslöschungen« und gnadenlose Korrektur-Versuche in einem, und die Sprache ist das eigentliche Bindungsmittel, um den spezifischen Bernhard-Effekt herzustellen. Jene ganz besondere Wirkung, die darin besteht, den Irrwitz als Normalität zu erklären. Das Monströse im Alltäglichen zu sehen. Es ist kein Zufall, daß er in jungen Jahren Gerichtsreporter war und die Unerschütterlichkeit der juristischen Sprache kennt, in der alles seinen Gang geht und sei er noch so finster. Wie er uns diese Unerschütterlichkeit vieler Sprachen (auch derjenigen der Politiker, der Fachwissenschaftler, der Religionsgestalter und Kunstsachverständigen) vorführt, allesamt Hintergehungen der Wirklichkeit. Denn was auch immer geschieht, die Sprache, die davon berichtet, verzieht sozusagen keine Miene, – sagt allenfalls gleichgültig ihr nichtssagendes »nicht wahr« dazu. Bernhards monströse Unbeteiligtheit ist also nichts anderes als ein Reflex auf unser Alltagsverhalten, das das Ausblenden in den Rang der Zivilisationsleistung erhoben hat. Mit artistischer Beharrlichkeit zielen seine zum Teil sehr langen, hypotaktisch gebauten Sätze auf den Aberwitz der Pointe, die darin besteht, daß zielsicher das jeweils Allerunwichtigste ins Zentrum trifft wie in folgender Anekdote aus dem *Stimmenimitator* (1978):

»In Linz sind in der vergangenen Woche einhundertachtzig Personen gestorben, die die jetzt gerade in Linz grassierende Grippe gehabt haben, aber nicht an dieser Grippe, sondern an einem von einem neuangestellten Apotheker falsch verstandenen Rezept. Der

Apotheker muß sich wahrscheinlich wegen fahrlässiger Tötung vor Gericht verantworten, möglicherweise, wie die Zeitung schreibt, noch vor Weihnachten.«

Bernhards provokante Indifferenz entlarvt unsere dauernde Aufgeregtheit als massive Gleichgültigkeit, unsere Betroffenheit als Stumpfsinn, unsere mentale Stabilität als kollektive Geisteskrankheit. Man liest Bernhard und erkennt die Umrisse der eigenen Existenz, und zwar in albtraumartiger Überzeichnung und gnadenloser Schärfe. So etwa hatte der Leser Wertheimer bei der Lektüre des Romans *Der Untergeher* 1983 das höchst fragwürdige Vergnügen, 250 Seiten des allmählichen Niedergangs und schließlichen Suizids einer Figur verfolgen zu können, die gleichsam den Prototypus des gut, aber nicht begnadet Begabten darstellt. Eine reflexhafte Spiegelung, die im Fall dieser ohnehin problematisch grundierten Lektüreerfahrung natürlich auch noch durch die Namenskoinzidenz ins Katastrophische gesteigert wurde. Jeder Wertheimer hat das Gefühl, an der Wand zu stehen, vor sich ein grammatikalisches Erschießungskommando, wenn Sätze auf ihn abgefeuert werden wie:

»In dieser Gegend hatte Wertheimer verrückt, ja am Ende wahnsinnig werden *müssen*, dachte ich und ich sagte mir, daß er immer genau *der Untergeher* gewesen ist, von welchem Glenn Gould immer gesprochen hat, ein typischer Sackgassenmensch ist Wertheimer immer gewesen, sagte ich mir, von der einen Sackgasse heraus ist er mit Sicherheit immer wieder in eine andere Sackgasse hineingegangen, ohne jemals aus diesem Sackgassenmechanismus herauszukommen. *Der Untergeher ist schon als Untergeher geboren worden*, dachte ich mir, *er ist immer schon der Untergeher gewesen.*«

Wen Sätze dieser Art förmlich perforieren, der geht als ein Verwandelter aus der Lektüre hervor, ins Mark getroffen. Wenn überhaupt. Bernhard, hat man den Eindruck, ist ein gnadenloser wissenschaftlicher Aufsammler, Untersucher – und Wegwerfer. Besonders Menschen aller Art liest er auf, um sie zu untersuchen, zu klassifizieren, einzuordnen. Der Rest kann entsorgt werden.

Daß es ihm nie um einen Einzelnen geht, sondern immer um eine Typologie, nie um eine Bestie, sondern um ein Bestiarium, nicht um ein Individuum, sondern um einen Fall, verrät sich in jeder Zeile und ist mit ein Grund für das eminente Interesse, das wir ihm entgegenbringen. Auf diese Weise öffnet sich der Fokus, und der Satz, der mit einem einzelnen begann, mündet in die Analyse einer ganzen Gesellschaft:

»*er ist schon immer der Untergeher gewesen*, und wenn wir genau sind in der Beobachtung unserer Umwelt, stellen wir fest, daß diese Umwelt fast nur aus solchen Untergehern zusammengesetzt ist, sagte ich mir, aus solchen Sackgassenmenschen wie Wertheimer, der von Glenn Gould als erster als Untergeher bezeichnet worden ist, [...] der völlig ungeniert ausgesprochen hat, was die anderen auch dachten, sich aber nicht getraut haben, ihn auch als Untergeher zu bezeichnen ...«.

Sätze wie ein Stacheldrahtverhau, unentrinnbar und durch viele Zwischeninstanzen beglaubigt, bestätigt, echoartig verstärkt. Der Erzähler Bernhard, der Repetitor Bernhard, der Wiederholungswiederholer war nicht nur ein ›Stimmenimitator‹, sondern auch ein Stimmensammler: Manchmal ist es, als ob seine Stimme von vielen anderen, gleichwichtigen und gleichunwichtigen überlagert und begleitet würde und so etwas wie ein kollektives Stimmensammelsurium entstünde, das die Räume, die Sprachräume sprengt.

Ich weiß, daß manch einer dem persuasiven Druck dieser scheinheiligen Antirhetorik nicht gewachsen ist. Unvergeßlich in diesem Zusammenhang ist der glücklose Untergang des Unterrichtsministers Piffl-Perčević, der während Bernhards galliger Dankesrede zur Verleihung des österreichischen Staatspreises die Nerven verlor und floh; Bernhard berichtet genüßlich:

»Ich war mit meinem Text noch nicht zuende gekommen, da war der Minister mit hochrotem Gesicht aufgesprungen und auf mich zugerannt und hatte mir irgendein mir unverständliches Schimpfwort an den Kopf geworfen. In höchster Erregung stand er vor mir und bedrohte mich, ja, er ging mit vor Wut erhobener Hand auf mich zu. Dann machte er zwei oder drei Schritte auf mich zu, darauf eine abrupte Kehrtwendung und verließ den Saal. [...] Dies alles geschah in Sekundenschnelle. [...] Ich selbst verstand überhaupt nicht, was geschehen war. Ich hatte hier eine Demütigung nach der andern über mich ergehen lassen müssen und dann meinen, wie ich glaubte, harmlosen Text vorgelesen und daraufhin erboste sich der Minister und verließ wütend den Saal und seine Vasallen gingen auf mich los. [...] Eine Wiener Zeitung [...] schrieb auf der ersten Seite, ich sei eine Wanze, die man vertilgen müsse.«

Diese Episode impliziert alles, was zu Bernhards Methode zu sagen ist: Er entlarvt nichts und niemanden, aber er schafft Situationen, in denen wir uns bis auf die Knochen ausziehen. Völlig zutreffend spricht Bernhard Minetti von seinem »besonderen Instinkt, die Öffentlichkeit als Komödiant oder Tragikomödiant ihrer selbst [genüßlich] zur Erscheinung zu bringen«. »Neugierig bin ich und boshaft und ein Fallensteller«, sagt Thomas Bernhard im Gespräch von sich selbst und vergißt nicht, reflexartig hinzuzufügen (und erst dies macht das individuelle ›Bekenntnis‹ zur politischen Aussage):

»Es geht immer auf Kosten von anderen Menschen. Sie leben ja auch auf Kosten anderer Menschen, so wie ich, und alles was Sie machen, machen Sie auf Kosten anderer Menschen, also auch die Bosheit und alles andere.«

Leben wollte er, mit aller Kraft überleben, weiterleben, die anderen verschlagen zur Weißglut bringen. Manchmal frontal. Häufiger, typischer verdeckt, wie es sich für einen Fallensteller gehört. Unsichtbar, mit dem Rücken zu den anderen, verborgen in der Muschel des Ohrensessels wie in *Holzfällen.*

Es verbietet sich, er verbietet es sich, bewundernd oder verständnisinnig umarmt zu werden. Eine urbane Distanz, eine kleine Kälte sollte erhalten bleiben. Nur die beiden »Lebensmenschen« waren hiervon ausgenommen.

Tübingen, 9. November

Über den Brand der Synagoge am 9.11.1938 in seiner Stadt, einer kleinen Provinzstadt, berichtet ein Augenzeuge:

»Es war früh am Tag, als ich wie immer, den Schulranzen auf dem Rücken, durch die Steingasse zur Schule ging. Ein paar Kinder schrien: ›Die Synagoge brennt! Die Synagoge brennt!‹ Das war ein Alarmzeichen für mich. Ich rannte sofort mit den anderen in die Treibgasse, ließ Schule Schule sein. Dort standen wir vor einem qualmenden Trümmerhaufen. Einige Balken brannten noch. Die eingestürzte Kuppel thronte über Steinbrocken und Schutt. Wir Kinder hatten keine Ahnung, wie es zu diesem Brand gekommen war, fragten auch nicht nach den Urhebern. Der Brand war eine schaurige Sensation für uns, die sich in der kleinen Stadt noch nie ereignet hatte.
An der Brandstelle waren kaum Menschen zugegen. Die Juden, die Betroffenen, blieben verborgen. Niemand fragte nach ihrem Verbleib. Es war still. Nur das Knacken der brennenden Balken war zu hören. Ein SA-Mann stand ruhig vor der zerstörten Synagoge und hielt Wache.«

Aufregend war das. Sprachlos war man. Ohne viel Bedeutung blieb es. So zog das Geschehen am damals Zehnjährigen vorbei. Es ist gut, daß er dies ohne Verbrämung und ohne nachträgliche Beschönigung einfach so und so einfach darstellte. Bloß keine großen Worte. Wenn es im offiziellen Rahmen ums Gedenken geht, wird es in der Regel feierlich.

Feierlich und irgendwie unverbindlich. Gemessene Gesten. Gedämpfte Worte. Klassische Musik. Und ein wenig Symbolik. Viele stehen dabei, weil sie von Amts wegen da stehen müssen. Viele sagen ein paar Worte, weil sie ein paar Worte sagen müssen. Was dabei wirklich gefühlt und gedacht wird, ist eine andere Sache. Nicht daß ich unterstellen würde, den meisten wäre es nicht ernst mit der Kunst des Gedenkens. Aber wissen wir, was sie genau bedeutet, was wir (uns) wirklich damit sagen wollen? Ich meine, jenseits der Platitüden.

Was man eigentlich damit meint, wenn man sich an einem Denkmal trifft, eine Synagoge restauriert, an ein grauenhaftes Geschehen erinnert. Zum Beispiel an den 22. Oktober 1940. An diesem Tag wurden 5600 badische Juden in einer konzertierten Aktion aufgegriffen und deportiert. In Neckarzimmern hat man jetzt ein Mahnmal errichtet und am 65. Jahrestag vor ein paar Wochen eingeweiht. »Katholische und evangelische Jugendliche«, so beschreibt ein Zeitungsbericht, hätten Skulpturen geschaffen, die nun auf einem riesigen Davidstern »platziert« würden. Ein zentrales Mahnmal sei es. Der Kultusminister und der Freiburger Erzbischof seien anwesend. Man erwarte auch Zeitzeugen. »Eindrucksvoll« seien die Skulpturen. Am Einweihungstag habe es zuerst geregnet. Danach wäre die Sonne durchgebrochen und ein Regenbogen wäre zu sehen gewesen. Die Rundfunkreporterin spricht in ihrem Bericht von einem »Symbol«.

Jedes Gedenken dient ausschließlich denen, die gedenken. Für die, derer gedacht wird, ist es bedeutungslos. Tot ist tot. Dagegen, daß es den Überlebenden dient, dagegen ist nichts zu sagen. Nur eins sollte man nicht tun: die Toten ein weiteres Mal mißbrauchen, indem man ihrem Verrecken irgendeinen höheren Sinn, eine versöhnliche Bedeutung zuordnet. Indem man ein halbes schlechtes Gewissen in ein gutes Gefühl umwandelt. Eine an der Gedenkaktion von Neckarzimmern beteiligte Schülerin sagte im Radio, nach ihrer Motivation befragt, zögerlich-verlegen: »Es war einmal ganz interessant zu sehen, was damals abgelaufen ist. Und wie die Leute so gelebt haben.« Dieses sprachlose Eingeständnis der Hilflosigkeit war besser als jede professionelle Glätte mit ihren Fertigformeln, die man beliebig parat hat und die nichts kosten:

– um daran zu erinnern statt zu vergessen
– um den Toten eine Biographie, den Opfern einen Namen zu geben
– um für die Zukunft zu vermeiden, daß so etwas noch einmal …

Sie kennen diese obligatorischen Floskeln und Formeln von großen, von kleinen Gedenkstätten. »Aus Trümmern bauen« lese ich gerade, lautet das Motto der diesjährigen »Jüdischen Kulturwochen« in Stuttgart, und in der Eröffnungsrede ist einmal mehr davon die Rede, daß »trotz des Holocaust ein enges Band zwischen Juden und Nicht-Juden, zwischen Israel und Deutschland geknüpft wurde«. Eigentlich denke ich, hätte man sagen können, dieses Band sei *durch* den Holocaust so »schön eng« geworden. In der Zeitung bringen sie ein Bild, das die Vizepräsidentin des Zentralrats der Juden, einen Botschafter Israels, den Oberbürgermeister von Stuttgart und den Ministerpräsidenten bei der Feierstunde nebeneinander zeigt, alle strahlend und gelöst lachend, als hätte man gerade an der Fachhochschule der Gedenkkunst das Diplom erhalten.

Nein, ich habe nichts gegen solche Versuche und Gesten. Vor allem dann, wenn sie von Mitbetroffenen und Nachgeborenen wirklich gewollt werden, können sie etwas bewirken. Den *Lebenden* eine Biographie geben; ihr Bewußtsein, ihren Blick schärfen. Bloß keinen Weichzeichner, keine Nostalgie, keine feuchten Augen.

Für das *Entscheidende* gibt es ohnehin keine Denkmäler und keine Feierstunden. Was das Entscheidende ist? Nicht die großen Hetzreden und nicht Auschwitz, sondern das was dazwischen stattfindet (oder nicht stattfindet) und stattfinden muß, *bevor* aus verbrecherischen Ideen ein paar Hunderttausend und ein paar Millionen Tote werden.

Es gibt kein Mahnmal für: das viele nicht so genau Hinschauen, das ein bißchen Wegschauen, das sich dumm Stellen, das sich Wegducken, das nichts Merken; das sich Betören lassen, die falschen großen Gefühle, die tollen Bilder, von denen man sich anrühren läßt. Für den kleinen Neid. Das bißchen Mißgunst, die geballte Faust, die in der Tasche bleibt, das »gezwungenermaßen« Mitmachen, das »man konnte nichts dagegen tun«, die zerquetschten Krokodilstränen, die behauptete Unkenntnis; die kleinen Vorteile, die man daraus schlagen konnte, die Courage, die man nicht hatte, als man sie haben hätte sollen, der faule Kompromiß, den man mit gemischten Gefühlen einging …

Nein, ich will nicht die großen Wörter wie Widerstand, Zivilcourage in den Mund nehmen, wenn ich von den Myriaden kleiner Aussetzer spreche, die ein System, das sich auf Taubenfüßen einschleicht, erst zu dem werden lassen, wovor man nachher erschrickt. Als der jüdische Dichter Paul Celan 1958 den Bremer Literaturpreis entgegennahm, fing er seine Dankrede so an:

»Denken und Danken sind in unserer Sprache Worte ein und desselben Ursprungs. Wer ihrem Sinn folgt, begibt sich in den Bedeutungsbereich von ›Gedenken‹, ›eingedenk sein‹, ›Andenken‹ […] Erlauben Sie mir, Ihnen von hier aus zu danken.«

Will sagen, *Sie* zum Denken zu bringen. Aber nicht nur zum betroffenen Nachdenken, zum erstaunten, erschreckten Hinterherdenken. Möglicherweise geht es auch nicht um das große Vor- oder Voraus-Denken. Das Wichtigste, Allerwichtigste wäre das *Mit-Denken.* Das ganz genaue Wahrnehmen all dessen, was in einem gegebenen Augenblick eigentlich geschieht. Man sollte die Fähigkeit schulen, von Zeit zu Zeit einen halben Schritt neben sich zu treten und sich beim Agieren oder Nicht-Agieren so zuzusehen, wie man den Anderen zusieht.

Nichts zu beschönigen ist die Voraussetzung dazu: genau zu beobachten. Und das, was man beobachtet, nüchtern zu beschreiben, die Dinge zur Kenntlichkeit zu bringen, statt sie gleich wieder weltanschaulich zu verarbeiten. Die Banalität als Banalität zu akzeptieren ohne gleich von der »Banalität des Bösen« zu sprechen; unfertige Geschichten, halbfertige Geschichten. Einfach so:

»Ein Jude geht vorbei.
Es herrschte Dämmerlicht in unserer kleinen Gasse. Ich stand mit meinen Eltern und einigen anderen Leuten vor unserem Altstadthäuschen, und wir unterhielten uns. Wir verstummten plötzlich, als sich ein kleinerer Mann auf dem Kopfsteinpflaster näherte. Ich hatte den Mann noch nie zuvor gesehen. Er schaute angestrengt geradeaus, als er an uns vorbeikam und hielt seine Aktenmappe so vor die Brust, daß man den Judenstern nicht sehen konnte. Wir blickten alle zu ihm hin, wortlos, ließen ihn vorbeiziehen. Weder er noch wir machten auch nur den Versuch zu grüßen. Als er weit genug weg war, daß er uns nicht mehr hören konnte, sagte jemand aus unserer Gruppe: ›Der geht vor ins ‚Weinhaus Kuch‘ zu den anderen. Dort beten sie heut' abend wieder.‹«

Das ist der Moment, von dem ich vorher gesprochen habe. Der Moment, in dem sich alles entscheidet. Millionenfach wird er sich seinerzeit in Deutschland abgespielt und wiederholt haben: geradeaus schauen. Verstummen, wortlos verharren. Stumm beobachten. Tuscheln. Statt: nachzufragen, neugierig zu sein. Ein paar Worte miteinander zu sprechen. Schauen, was die anderen wirklich machen statt nachzuquatschen, was man sagt, daß die anderen machen. Nicht wegschauen, genau hinschauen, den eigenen Sinnen trauen, die inneren Stimmen nicht unterdrücken. Auf sich selbst hören statt gemeinsam andere zu bespitzeln.

So etwas lernt sich nicht in Gedenkstunden, nicht auf Gedächtnisstelen und noch nicht einmal auf philosemitischen Kulturwochen. Normalität, kritischer Blick und genaues Gespür muß im Alltag erlernt, geschult und ermutigt werden. Tagtäglich und überall und jederzeit. Bloß keine spektakulären Aktionen. Eine Alltagskultur des Hinschauens anstelle einer Medienkultur des einvernehmlichen Gaffens brauchen wir. Brauchen wir übrigens auch, um Gefahren, die sich nun in ganz anderer Gestalt präsentieren, zu erkennen – etwa in Form der gegenwärtigen Normierungs-Standardisierungswelle, die genau diese individuelle Wahrnehmungshoheit torpediert. Oder in Form jener alltäglichen gigantomanischen Entertainment-Verdummungs- und Verharmlosungs-Kampagne, die kritisches Denken als Anachronismus abstempelt und eigenständiges Urteil als Querulantismus abtut. Ein wenig Abweichung im Habitus – und schon kann einer heute stillschweigend aber definitiv ausgegrenzt werden. Trotz aller vorgeführten Liberalität leben wir in einer Kultur, die das Mitmachen im Trend zur Primärtugend stilisiert.

Wenn wir wirklich gedenken wollen, also *mitdenken* und *mithandeln* wollen, müssen wir die Erinnerung in die Gegenwart übersetzen und so hart und unnachgiebig und insistent und unangenehm werden wie zum Beispiel Heinrich Heine, den man vermutlich 2006 als deutsch-jüdischen Glücksfall feiern wird, oder wie Ingeborg Bachmann oder Paul Celan. Oder wie engagierte junge Leute, die unprätentiös und ernsthaft Fragen stellen und etwas tun.

»Sie wollt ich schon immer verbrennen« – nationalsozialistische Bücherverbrennung und ihre Vorgeschichte

Heine hat Recht. Wo Bücher brennen, werden bald auch Menschen verbrannt. Doch das *wie* ist verschieden. Bücher steigen wie Phönix aus der Asche, Bücher werden durch Feuer gehärtet, Menschen jedoch werden und bleiben Asche, sind ein für alle Male tot. Dennoch: auch das Verbrennen von Büchern ist tödlich. Wenn nicht für das Buch selbst, so für den Geist seiner Leser. Und: der Akt der Verbrennung ist ein Indikator, sozusagen ein erster Test für das, was möglich ist. Eine Art kollektive Einstimmung findet statt: wer nicht widerspricht, stimmt zu. Ein hochgradig effizientes Simplifizierungs- und Normierungsverfahren. Es bilden sich mentale Achsen des Guten/Bösen.

Gedenktage sind oft Anlässe, über Phänomene dieser Art betroffen zu reden. Aber Betroffenheit macht dumpf. Und ist einfach. Jetzt stehen wir alle natürlich auf der *richtigen* Seite. Doch wir sollten versuchen, es uns ein wenig schwerer zu machen und die Frage nach dem Verbrennen von Büchern allgemeiner stellen.

Daß Bücher brandgefährlich sein können, weiß man spätestens seit Umberto Ecos Weltbestseller *Der Name der Rose*. Drei Tage und drei Nächte brennen Scriptorium und Kloster in dem Flammenmeer, das der greise blinde Bibliothekar vorsätzlich, um eines einzigen Buches willen, entfacht hat.

Und es geht um nichts weniger als um die Welt. Um die Weltordnung. Denn es gibt Bücher, die die Welt aus dem Gleichgewicht bringen können. Jedenfalls manche. Zum Beispiel das Buch des Aristoteles über die Komödie.

»Doch dieses Buch könnte lehren, daß die Befreiung von der Angst vor dem Teufel eine Wissenschaft ist [...] Doch dieses Buch könnte die Wissenden lehren, mit welchen Kunstgriffen, mit welchen ... Argumenten sich der Umsturz rechtfertigen ließe!«

Angstvertreibung, Subversion, Auf-den-Kopf-stellen-der-Wirklichkeit, Farce, Rebellion – alles ausgelöst von *einem* Buch. Literarischer Sprengstoff, durch Verbrennen zu entschärfen?

Wenn Bücher verbrannt werden, geht es fast immer um Leben und Tod. Bücher verbrennen und Menschen verbrennen – nicht nur bei Eco sind das zwei Seiten einer Münze. Und während der irre Bibliomane und Dogmatiker erst seitenweise den vergifteten Aristoteles vor den Augen des Aufklärers William buchstäblich verschlingt und mit dem Restmanuskript ins Feuer stürzt, werden draußen, vor den Klostertoren, auch drei vermeintliche Ketzer als Opfer der heiligen Inquisition verbrannt. Von nun an wird die Jagd nach der anderen Meinung auf institutionelle, fast schon industrielle Weise betrieben: Die Verfolgung wird immer systematischer, rigider, gnadenloser.

Inquisition und Index. Bücher horten und Bücher morden – da wächst im Namen einer Institution zusammen, was nie zusammengehören sollte: Nämlich Denken und Dogma, Freiheit und Folter, Ordnung und Terror. Was wurde im Laufe der Jahrhunderte nicht alles mit Büchern im Namen einer »reinen Lehre« angestellt: öffentliche Hinrichtungen von Büchern sind beileibe keine Erfindung der Nationalsozialisten, an deren Fanale im Namen des »reinen deutschen Geistes« man natürlich zuerst denkt.

Die Stimmung dieser absurd-aggressiven Veranstaltung ist merkwürdig: Wurstmaxe und Lachsalven, bengalische Beleuchtung und bedrohliche Kulisse. Der Schriftsteller Arnold Zweig berichtet darüber:

»Ich war neulich zur Hexenverbrennung der Bücher, stand eingepfercht von neun bis zwölf Uhr abends, für Dich wäre es körperlich nichts gewesen, aber es hat gelohnt. Umrahmt von einer Opernhausflanke, Hedwigskirche und Alter Bibliothek, war ein Scheiterhaufen errichtet von etwa drei Meter Durchmesser, ganz preußisch mit Lineal geschichtet. Das Publikum, meist kleine Leute mit etwas Mittelstandseinschlag, in weitem Bogen, von Schupo und Seilen abgegrenzt. Auf dem freien Platz machten sich SA und Schupo wichtig. Dann gingen Verkäufer herum: ›Bonbon, Schokolade, Zigaretten!‹ – ›Warme Würstchen, warme Würstchen!‹ Wurstmaxe mit vielen Witzen, überall, wo er entlangging: Lachsalven im Volk. Das Publikum von tierisch zufriedener Blödheit, ganz stumpf, passiv und völlig ahnungslos. Unterhaltungen, wie wir sie nicht schöner erfinden könnten, wurden gezwitschert, Witze gemacht und belacht, die Zeit bis zur Verbrennung gemütlich vertrieben. ›Was verbrennen die eigentlich?‹ – ›Na, jüdische Bücher!‹ – ›Nein, undeutsche, so unsittliche.‹ – ›Sollte man alle nehmen und in die Spree schmeißen!‹ […]
Gegen zehn Uhr fing es an zu regnen, schließlich zu gießen, einzelne Schirme wurden entfaltet, ich hatte mir unterwegs von einem Kind einen Kinderschirm geborgt: als ich das winzige Ding öffnete, stürmischer Heiterkeitserfolg. Ich war schadenfroh wegen des nassen Holzes und hörte die einzelnen Meinungen, womit man die Bücher tränken würde, damit sie doch brennten. ›Na, scheen schwarz werden wir ins Gesichte werden, und stinken wird das. Eigentlich war's doch scheener neulich auf dem Tempelhofer Feld.‹ Dann kam

ein Zug sehr häßlicher Mädchen, mit roten Nasen, Haarsträhnen und giftigem Gesicht. Sie latschten mit Musikbegleitung, ziemlich klitschnaß und bibbernd über den Platz. Nach einer weiteren Stunde ein Zug Studenten, sehr schlapp, sehr häßlich aussehend, mufflig und in zufriedenem Trott, viele, viele, viele, mit Fackeln; Jungens und Kinder mit Fahnen. Jeder, der an dem preußischen Scheiterhaufen vorbeikam, schmiß seine pechgetränkte Fackel hinein; das Feuer lohte hoch auf, bis zur Höhe des ersten Stockwerks vom Kronprinzenpalais. Bengalische Beleuchtung und gefilmt! Ich schadenfroh über Blamage vorm Ausland. Dann schleuderten sie in Riesenbögen die Fackeln hoch durch die Luft, die ganze Zeit erklang eine magisch-düstere Musik in Moll. Jetzt rückten hinten drei Autos an, auf denen stand: ›Möbelfuhre‹. Das waren die Revolutionskarren mit den Opfern. Die Studenten saßen und standen bis aufs Dach dieser Karren, zum Teil in Wichs – bengalisch beleuchtet und gefilmt! Richtig Riesengaudi. Schließlich um Mitternacht, wegen Stimmung, ergriffen sie die Bücher und schmetterten sie einzeln mit Wollust ins Feuer. Die Funken stoben haushoch, und die einzelnen Blätter taumelten brennend durch die Luft, als spotteten sie über diesen Tod.«

In dem Text kommt die groteske Mischung aus Pomp, Pathos und Kitsch, die, wenn es um Politik geht, so besonders verhängnisvoll ist, gut zur Darstellung. Im Grunde müsste ein Schmieren-Schauspiel dieser Art in einer kollektiven Lachsalve enden. Aber im Gegenteil. Statt des Zwerchfells tritt die Gänsehaut in Aktion. Einem anderen Augenzeugen der Aktion, dem Schriftsteller Erich Kästner, vergeht das Lachen, als er in eine Situation gerät, wo er zum Zuschauer der Verbrennung der eigenen Bücher wird:

»Plötzlich rief eine schrille Frauenstimme: ›Dort steht ja der Kästner!‹ Eine junge Kabarettistin, die sich mit einem Kollegen durch die Menge zwängte, hatte mich stehen sehen und ihrer Verblüffung übertrieben laut Ausdruck verliehen. Mir wurde unbehaglich zumute. Doch es geschah nichts. (Obwohl in diesen Tagen gerade sehr viel zu ›geschehen‹ pflegte.) Die Bücher flogen weiter ins Feuer. Die Tiraden des kleinen abgefeimten Lügners ertönten weiterhin. Und die Gesichter der braunen Studentengarde blickten, den Sturmriemen unterm Kinn, unverändert geradeaus, hinüber zu dem Flammenstoß und zu dem psalmodierenden, gestikulierenden Teufelchen.«

Herz auf Grundeis. Faust bleibt in der Tasche. Zuschauen, wie der ›deutsche Geist‹ im ›Namen des deutschen Geistes‹ verbrannt wird. So beschreibt der Autor – nicht nur seine – verhaltene Haltung.

Wo man Bücher verbrennt, verbrennt man auch Menschen? Oder ist das Bücherverbrennen nur eine Ersatzhandlung? Absurd ist es auf jeden Fall. Zündelei, Pyrotechnik für Erwachsene. Mit Gebrauchsanweisungen für ›Wohlverhalten‹. Etiketten-Schwindel.

Gegen »Materialismus«, »Dekadenz« und »Verrat am Volksgeist«, gegen »seelenfressende Überschätzung des Trieblebens«, gegen »Verrat und Gesinnungslumperei«: kurz gegen all diese völkischen Verfallserscheinungen – so die Propagandafloskeln – soll das Verbrennen von bedrucktem Papier ein Heilmittel sein? Ein Aberglaube, den die Nazis von der Katholischen Kirche übernommen zu haben scheinen, die glaubte, Montaigne, Descartes und Pascal, Voltaire, Diderot, Rousseau, Sterne, Swift, und viele, viele andere aus der Welt schaffen zu können, indem sie ihre Werke auf eine *Index* genannte Verbotsliste schreiben ließ. Und dazu oft genug noch verbrannte.

Nun offenbart das Wüten gegen Bücher zum einen ein angstmachendes Aggressionspotential. Andererseits ist es auch ein Symptom der Hilflosigkeit und der Ohnmacht: Im Zeitalter der Reproduzierbarkeit sind Bücher längst zu

Klonen ihrer selbst geworden. Ecos Mönch konnte noch das sprichwörtliche letzte Manuskript vernichten. Im Zeitalter des Buchdrucks ist die Vernichtung einzelner Exemplare hohler symbolischer Gestus bzw. Offenbarung machtbewußter Dummheit – und atavistisches Relikt aus der Dunkelkammer des Ungeistes.

Dennoch sind sie unter uns – die Informationsvertilger, Bücher-Vernichter, die Brandstifter, Ausmärzer, Verurteiler, Henker und Autodafé-Veranstalter der Moderne. In den science-fiction-Welten der Zukunft rücken ganze Feuerzüge aus, um verbotene Bücher (und alle Bücher sind grundsätzlich verboten) aufzustöbern und – abzufackeln: Denn Bücher verführen zum Nachdenken, verwirren, machen alles komplizierter und irritieren so die Menschen. Machen sie zu ungleichen Individuen – Schreckensvision der Gleichheitsvisionäre aller Zeiten. In François Truffauts Verfilmung von Ray Bradbury's *Fahrenheit 451* erleben wir ein perfekt eingespieltes Büchervernichtungsteam, das mit professionellen Mitteln auch noch das letzte im privaten Umlauf befindliche Buch – gleichgültig, ob Roman, Biographie, historischer Bericht – zu finden weiß, um es anschließend mit amtlicher Miene und im Bewußtsein, dem öffentlichen Fortschritt zu dienen, in Flammen aufgehen zu lassen.

Zugegeben: ein Spätstadium. Hier gilt der Kampf dem Prinzip Buch an sich – unabhängig von dessen ideologischer Ausrichtung. Längst vorbei die Zeiten umständlicher Indoktrination und systemerhaltender Propaganda in Buchform: Die Menschen sitzen vor Mattscheiben und werden interaktiv unterhalten und vom Denken abgehalten. Eine Anti-Utopie – die wir hoffentlich noch nicht eingeholt haben. Doch es ist noch keine 200 Jahre her, daß die Kampflinie exakt entlang der Front Buch oder nicht Buch verlief.

Kant und seine Forderung nach einer einzigen Freiheit, der der unbeschränkten schriftlichen Meinungsäußerung, hat hier ihren politischen Ursprung. Denn der freie öffentliche, d.h. veröffentlichte Austausch jedweder Ideen, ohne Kontrolle, Zensur, Beschränkung sei die einzige Bedingung des Aufklärungsprozesses.

Der Primat der freien Meinungsäußerung gehört bis heute zum Tafelsilber demokratischen Selbstverständnisses. Bisweilen ist man ein wenig in Gefahr, den eigenen heiligen Begriffen auf den Leim zu gehen. Wir leben nicht im 18. Jahrhundert. Die Aufklärungsträume sind zerplatzt. Bücher sind keine sakralen Objekte und nicht undisputierbar. Außerdem gibt es noch einen anderen Widerspruch: Gerade die ›Humanisten‹ sind doch die allerersten, die, wenn es ernst wird, nach dem Zensor rufen. Pornographie! Gewalt! Rassistisch, frauenverachtend, menschen-verachtend sei das.

Ich möchte hier nicht verurteilen, aber auf diese Problematik, diesen inneren Widerspruch hinweisen: Freiheitsgläubigkeit und (Selbst-)Zensur versus Freizügigkeit, Freigabe und Markt. Boomender Markt, nach dem Motto: die Nachfrage regelt das Angebot.

Empört sagt man: »gehört verboten«. Aber ist das nicht auch Zensur? Eine Zensur in Form einer Art sauberer Bücherverbrennung? Ich weiß, man wird das natürlich nicht so nennen, wird von »ethischer Kontrolle« reden oder ähnlichem. Sie rufen nach der »Feuerwehr«, aber Sie tun dann so, als ob es sich um eine Studie über die Natur des Feuers handeln würde.

Wir kennen diese Endlosdisputationen ohne Ergebnis. Hier die Pragmatiker, die, weil sie alles laufen lassen wollen, dennoch eingreifen, dort die Idealisten, die die Manipulation mit *mani puliti*, mit sauberen Händen bekämpfen möchten.

Und die, weil dies nicht möglich ist, dann doch alles so laufen lassen wie es ist. Seit wann es diese Endlosdebatte gibt? Eco würde sagen, seit der Moderne, also seit dem Mittelalter. Und er hat recht, was die Rigidität des Durchsetzens *einer* Wahrheit und – entsprechend dieser Logik – der Unterdrückung aller anderen Wahrheiten angeht.

Mit Beginn der Neuzeit werden die Koordinaten neu abgesteckt. Christliche Weltbilder geraten ins Schwimmen, Individuen gehen auf Wanderschaft. Aufbruchsstimmung – und Rückzugsgefechte erbitterter Art sind die Folge.

1497: Der fanatische Florentiner Bußprediger Girolamo Savanarola, der später selbst ein Opfer der Inquisition werden sollte, verbrennt öffentlich Bücher. 1520: Nach einem Aufruf Melanchthons werden vor den Toren der Stadt Wittenberg Bücher der scholastischen Theologie verbrannt. Thomas von Aquin entgeht den Flammen, weil man kein Exemplar seiner *summa theologica* auftreiben kann. 1562: Papst Leo X. verurteilt Pomponazzis *Traktat über die Unsterblichkeit der Seele* zum Tod durch öffentliches und feierliches Verbrennen. 1605: Auch Miguel de Cervantes Figur des traurigen Ritters Don Quijote ist ein Opfer der neuen »battle of books« – im zweifachen Sinn. Erst als Verführter, dann als Zensierter. Der Pfarrer und die Damen der Familie sind sich einig: Erst durch die exzessive Lektüre von Rittergeschichten ist aus dem ruhigen Landedelmann ein gefährlicher und verrückter Phantast geworden, der unstet durch die Lande zieht, gegen imaginierte Windmühlen kämpft und für inexistente adlige Jungfrauen streitet.

»Verflucht und hundertmal verflucht sollen diese Ritterbücher sein.« Don Quijotes gläubige Nichte hat regelrecht Angst um (und ein wenig auch vor) ihren merkwürdigen Onkel, der anders lebt und anders liest als die anderen. Sein

Vermögen, seine Zeit, seine Lebenskraft – alles investiert er in im 15. und 16. Jahrhundert ungemein erfolgreiche Romane aus der Welt des aussterbenden Rittertums: mythisch überhöhter, abenteuerlich romantisierender, nostalgiegetränkter Heldenkult war zwar durchaus nicht unüblich: Denn unter den Vorzeichen der ›Reconquista‹ galt es, sich an alten Leitbildern und Symbolfiguren wie dem Rasenden Roland oder dem spanischen Nationalhelden El Cid zu orientieren.

Doch was Don Quijote als Leser trieb, ging den Zeitgenossen entschieden zu weit. Nichts ist gegen Hexen, Zauberer und Ungeheuer, die in diesen Büchern zuhauf auftreten, zu sagen – solange man sie als Literatur betrachtet. Don Quijote jedoch scheint die Figuren ›ernst‹ zu nehmen. Er etabliert die Monstren der Vergangenheit als Realien in einer ganz und gar nicht mehr ›romantischen‹ Wirklichkeit. Mit anderen Worten: ausufernde und frei flottierende Phantasien gefährden die gesellschaftliche Ordnung. Mehr noch: Don Quijotes Rebellion im Namen fiktiver und obsolet gewordener Rittertugenden gefährdet die Machtinteressen seiner Zeit. Die Reconquista konnte keine unfreiwilligen Humoristen und Karikaturen der eigenen Würde gebrauchen.

Die Vorwürfe haben kaum etwas an Aktualität eingebüßt. Im Gegenteil, es sind klassische Streitfelder jeder bürgerlichen Ordnung geblieben. In der modernen Welt geht es nicht mehr um Tod-, Erb- und Wurzelsünden, nicht mehr um Antichrist und apokalyptische Strafvisionen und theologische Welt- und Wertsysteme. Aber um den Erhalt von Ordnung geht es allemal. Und wieder stehen die Bücher im Zentrum, denn sie gefährden die Ordnung des Diskurses. Eigentlich hat es immer mit Emotionen zu tun. War es bei Aristoteles die Bedrohung durch Hierarchien gefährdendes

Gelächter, der es zu begegnen galt, so bekämpft man in Don Quijote den exzessiven Gebrauch frei flottierender Gefühle und Phantasien. Denn nach Meinung der Öffentlichkeit ist jede individuelle Übertreibung gefährlich.

»Zuviel Phantasie schadet ihrer bürgerlichen Gesundheit!« könnte als kleingedruckte Warnung auf jedem Buchumschlag stehen. Lesen ja. Aber auf Seite 695 steht dann ›finis‹ und hat Schluß zu sein. Don Quijotes Todsünde in den Augen der aufgeklärten Zeitgenossen: Wo die anderen zu lesen aufhören, fängt er mit dem Leben an. Der Mann wird zum Substrat, zum Kondensat seiner Lektüren, flippt aus – und wird nach ein paar Tagen wieder eingefangen.

Die Szene ist absurd und beängstigend zugleich. Don Quijote liegt zerschlagen in der Kammer und schläft – nebenan wird in schöner Gemeinschaft der Vernünftigen sein Fundus an Imaginationen geplündert und mit Weihwasser besprengt.

Nein, sagte die Nichte, es darf keines davon verschont werden, denn alle haben das Unglück angerichtet. »Es wäre am besten, sie durch das Fenster in den Hof zu schmeißen, sie auf einen Haufen zu packen und [...] einen Scheiterhaufen zu errichten.«

Ganze drei Büchlein werden dem familiären Autodafé in Sachen ›Vernünftigkeit‹ entgehen. Doch nicht genug damit. Am Ende entschließt man sich dazu, die gesamte Bibliothek unsichtbar zu machen. Was für die Abteien des Schreckens recht ist, ist nun auch für den Privathaushalt billig:

»Eines der Mittel, das der Pfarrer und der Barbier gegen die Krankheit des Freundes ersonnen, war, das Bücherzimmer zu vermauern und anzustreichen, damit er es nicht wiederfinde, wenn er aufstände.«

Das Verfahren der Manipulation des vermeintlich Manipulierten hat Erfolg. Und als der rekonvaleszente Don nach seiner Bibliothek sucht und die Wände nach der Tür abtastet, ist die Familie schnell mit der Erklärung zur Hand, einer seiner Zauberer hätte sie wohl tückisch verschwinden lassen. So täuscht man mit dem Anspruch der Vernunft und führt den Betroffenen im wahrsten Sinne in die Irre. Endgültig. – Alle sind sich einmal mehr erschreckend einig.

Man könnte einwenden, es sei gefährlich, Leute wie Don Quijote für einen Heiligen zu halten. Der Mann ist verrückt. Ist es ein Verbrechen, einem Verrückten, einem Suchtkranken die Rauschmittel zu entziehen? Und ganz offenbar können eben auch Bücher Drogen sein. Jedenfalls für solche, die dann nicht mehr merken, wo das Buch aufhört und die Wirklichkeit beginnt.

Bücherfreunde würden dagegenhalten und sagen: Wunderbar. Jetzt haben sie in zwei Sätzen so ziemlich alle Klischees zu diesem Thema zusammengefasst. Phantasie wegsperren. Bücher wegsperren. Drogen wegsperren. Was Vernünftiges tun statt zu spintisieren. Bißchen frische Luft um die Nase, raus in die Wirklichkeit. So einfach ist das. So einfach, mit Verlaub, ist das eben nicht: Und die Bücher sind ein Bestandteil dieser komplexen Wirklichkeit, nicht ein Rauschmittel. Opium fürs Volk – das ist nun wirklich die abstruseste Verdrehung.

Und Bücherskeptiker werden verärgert einwenden: Euer Don Quijote-Typus würde auch heutzutage ziemlich anecken: diese Mischung aus intellektuellem Dünkel und melancholischer Ignoranz mag als fiktives Spiel interessant sein. Aber ich schwöre Ihnen, gerade Ihnen, wenn solch einer Ihr ›wirkliches‹, geregeltes Leben kreuzen sollte, wären Sie die ersten, die nach Ordnung riefen!

Wie man überhaupt die Rolle der schöngeistigen Intellektuellen diskutieren müsste. Die Art, wie Sie sich über das, was Sie verächtlich »Klischees« nennen, erheben. Sie scheinen so eine *community* der Eingeweihten zu sein. Zu vornehm, um über Klischees auch nur zu reden.

Falls man wirklich Interesse daran hat, zu erfahren, weshalb es Leute gibt, die wunderbare Geistesprodukte einäschern, vernichten oder aus dem Verkehr ziehen wollen, sollte man über diesen Aspekt gelegentlich nachdenken. Es ist auch der Haß gegen die ewig Besserwissenden, gegen den Gestus der lächelnden Herablassung oder der – wie soll ich sagen: elitären Selbstgewissheit. Hat man sich einmal überlegt, wie viel intellektuelle Blindgängerei, wie viel anachronistischen Irrlauf und wie viel Menschenverachtung dieser Don Quijotismus auch beinhaltet! Einer nimmt sich aufgrund diffuser Leseimpressionen das Recht, gegen jeden, der nicht in sein virtuelles Weltbild paßt, aggressiv mit eingelegter Lanze vorzugehen. Ohne Rücksicht auf Verluste. Und sich dann auch noch als Märtyrer einer wahren Menschlichkeit verklären zu lassen.

Verklärt man so Autisten und Paranoiker oder verstößt Kritik gegen irgendeinen humanistischen Geheimcode? Muß man sich stets politisch korrekt ausdrücken? Da plädiert man nun permanent für Außenseiter und Verrückte. Aber wenn auch nur ein Wort zu direkt ist, zuckt man zusammen und ruft die humanistische Inquisition auf den Plan!

Gutgemeinter Zynismus oder verantwortungslose Toleranz? Während sich zwei noch immer streiten, schaffen Dritte bereits die Fakten. Seit jeher war das so. Der Literaturwissenschaftler Hans Mayer beschrieb das Phänomen in seinem Essay *In den Ruinen des Jahrhunderts* für die antike Bibliothek von Alexandria, ein universelles Dokumentationszentrum allen Denkens und Dichtens der hellenischen Welt. Angeblich hat der Kalif Omar sie mit einem ebenso absurden wie wirksamen Argument niederbrennen lassen:

»Entweder enthält diese Bibliothek nichts anderes, als im Koran zu finden ist. Dann ist sie überflüssig. Oder sie enthält andere und gegensätzliche Betrachtungen. Dann ist sie schädlich.«

Eine fatale Dialektik aus Kulturschöpfung und Kulturzerstörung, deren Ende noch nicht absehbar ist. Auch schließt sie eine nicht ungefährliche Denkfigur ein, die jede Zerstörung zum Anlaß eines ästhetischen Wiederaufbauspektakels benutzen kann. Jeder Bibliotheksbrand als kultureller Feuerzauber: seit ein paar Monaten steht anstelle der verbrannten Bibliothek von Alexandria ein glas- und chromblitzendes, PC-gestütztes Büchermausoleum der gigantischen Art. Und auch die Nationalbibliothek von Sarajewo, die vor mehr als zehn Jahren niedergebrannt worden war, wird wohl bald als »memoria bosniaca«-Symbol wieder auferstehen. Urbanozid, Genozid und Wiederauferstehungsfeier gehören offenbar gedanklich zusammen.

Und »Der rote Hahn« sitzt nun einmal gerne auf Bibliotheken, immer und überall. Auch im alten China. Elias Canettis Sinologe Kien weiß darüber Bescheid wie kein zweiter. Von Beginn des Romans *Die Blendung* an wird er von Vernichtungs- und Verbrennungsphantasien und Albträumen heimgesucht: Mexiko und das alte Rom, Nero und der chinesische Kaiser Shi-Hoang-Ti verschwimmen ineinander, geraten aneinander.

»Im Jahre 213 v. Chr. wurden auf Befehl des chinesischen Kaisers Shi-Hoang-Ti, eines brutalen Usurpators, sämtliche Bücher Chinas verbrannt [...] Auch auf bloße Gespräche (über Literatur) stand der

Tod. Die mündliche Tradition sollte zugleich mit der schriftlichen ausgerottet werden [...] Ich gestehe, daß der Brandgeruch jener Tage mir heute noch in die Nase sticht.«

Weshalb das Entsetzliche gerade in China geschehen mußte, fragt der Erzähler und diagnostiziert als eine mögliche Ursache das Phänomen der ›Masse‹, ›Masse Mensch‹. – Natürlich schrieb Canetti unter dem Eindruck und mit Blick auf den immer rabiater werdenden Nationalsozialismus – China war Chiffre und Tarnung. Und die imaginäre Rede Kiens in seiner Bibliothek probt die Generalmobilmachung der Barbarei:

»Blut floß; da es Bücherblut war, wurde ihm totenübel. Da erhob sich rauschender Beifall, es klang wie wenn der Sturm durch einen Wald von Blättern fuhr. Einzelne aus der Masse erkannte er an ihren Worten. *Ihre* Sprache, *ihre* Töne, ja, das waren sie, seine ... Getreuen, sie folgten ihm in den Heiligen Krieg. [...] Einer solchen *Brand-Rede* hätte er sich nicht für fähig gehalten.«

Einmal mehr löst ein Fanal eine Bewegung aus: in Kiens Bibliothek findet nicht nur eine Art Generalmobilmachung statt, sondern ein an Büchern statuiertes Demokratie-Exempel ohnegleichen: Alle werden mit dem Rücken zur Wand – an die Wand – gestellt: ihrer Identität beraubt. Gleichgemacht. Neutralisiert.

Und doch ist das alles nur das Vorspiel. Am Ende auch dieses Romans steht das große *Autodafé* (wie der Titel der englischen Ausgabe lautet); der Sinologe setzt sich mitsamt seiner ganzen Bibliothek in Brand, ein flammendes Inferno steht am Ende – auch ein Inferno, in dem die Sprache regelrecht zu brennen beginnt:

»– lebenslänglich – todeslänglich – Totentanz – Goldkalb – Millionenerbschaft – wer wagt gewinnt – weint – Abschied – nein – vereint – vereint bis in den Tod *Feuertod* – Not *Feuersnot* – Brunst *Feuersbrunst* – FEUER FEUER FEUER.
Zum Sterben ist ein Bruder gut genug, Räuberhöhle Welt, Menschen fressen und rauben Bücher. Früher wurde die Habe mit dem Toten verbrannt, ein Testament war nirgends, und übrig, übrig blieben die Knochen.«

Flammendes Inferno im zweifachen Sinn: im Innern verglüht der Verstand, draußen wird die Bücherbastion zur lodernden Barrikade:

»Buchstaben klappern im Buch. Sind gefangen und können nicht heraus. Blutig haben sie ihn geschlagen. Er droht ihnen mit dem Feuertod. So rächt er sich an allen Feinden! [...]
Verschanzen! Ho-ruck-krach! Ho-ruck-krach! Geklingel. Um elf läuten die Glocken. Theresianum. [...]
Von den Regalen stürzen sich Bücher zu Boden. [...]
Und noch während der wüste Lärm sein Hirn zerfetzt, baut er aus Büchern eine mächtige Schanze. Der Vorraum füllt sich mit Bänden und Bänden. Er holt sich die Leiter zu Hilfe. Bald hat er die Decke erreicht. Er kehrt in sein Zimmer zurück. Regale gähnen ihn an. Vor dem Schreibtisch der Teppich brennt lichterloh. Er geht in die Kammer neben der Küche und schleppt die alten Zeitungen sämtlich heraus. Er blättert sie auf und zerknüllt sie, ballt sie und wirft sie in alle Ecken. Er stellt die Leiter in die Mitte des Zimmers, wo sie früher stand. Er steigt auf die sechste Stufe, bewacht das Feuer und wartet. Als ihn die Flammen endlich erreichen, lacht er so laut, wie er in seinem ganzen Leben nie gelacht hat.«

Sprachfanal – Bücherbrand – das Gehirn in Flammen: fast scheint es, als seien die Bücher keine wehrlosen Opfer oder dumpfe Materie, sondern ihrerseits Lebewesen, die Keime einer gefährlichen Krankheit in sich trügen. Vielleicht werden sie deshalb so häufig verbrannt.

Und so wird weiter öffentlich verbrannt, gelegentlich auch ertränkt und zerrissen, mitten im aufgeklärten Europa:

1762: Jean Jacques Rousseau, *Emile* und andere Werke in Paris und Genf. 1752, zehn Jahre vorher, läßt Friedrich der Große sogar Exemplare einer Spottschrift seines Freundes Voltaire »auf den vornehmsten Plätzen Berlins durch die Hände des Henkers öffentlich« verbrennen. 1817 verbrennen die liberalen Burschenschaften im Verlauf des Wartburgfestes Bücher.

Und selbst die künstlerische und kritische Moderne möchte auf das Spektakel der flammenden Ent-Rüstung nicht verzichten. Der Futurist Marinetti fordert im *Manifest des Futurismus* von 1909 »Feuer an die Regale der Bibliotheken zu legen«.

Der Wiener Satiriker Karl Kraus wünscht sich 1914 ein schlichtes Autodafé gegen Hass schürende Zeitungen, nach dem Motto ›Verbrennt die Literatur-Pyromanen‹.

Und 2001 verbrennen Fundamentalisten einer rigiden US-Kirche erstaunlicherweise J. K. Rowlings Weltbestseller *Harry Potter.*

Gottlob sind alle diese infantil-aggressiven Rituale vollkommen wirkungslos. Dem Massenphänomen Buch kommt man nicht durch eine noch so symbolhafte Jagd nach dem Einzelstück bei.

Ein hoffnungsloses Bemühen. Einige Exemplare überleben immer. In den meisten Fällen kommt die Vernichtungsaktion zu spät: man verbrennt das Papier, aber die Buchstaben und Wörter sind längst schon in den Kopf des Lesers eingedrungen und halten – wie weiland bei Don Quijote – sein Gehirn besetzt und überleben dort. Oder es sind kleinste Partikel und Schnipsel übriggeblieben, die – Jahrzehnte, Jahrhunderte später – von Archäologen der Literatur geborgen, neu zusammengesetzt und neu gelesen werden. So findet bei Eco der mittlerweile zum alten Mann gewordene Adson Jahrzehnte nach dem Brand der Abtei beim Herumstöbern in den Trümmern ein paar Fetzen von Pergament, die im Schutt überlebt hatten:

»Ich begann sie zu sammeln, als müsste ich die Seiten eines auseinandergefallenen Buches wieder zusammenlegen [...], sie [wieder] einzusammeln, als erhoffte ich mir von diesen *disiecta membra* der Bibliothek irgendeine Botschaft.«

Zwischen ausgebeinten Larven und Torsi von Büchern – Schnipsel, Fragmente, Zitatsplitter, Satzruinen. Und das triste Fazit des Lesers, dem die Botschaft vorenthalten bleibt:

»Je öfter ich in meiner Sammlung lese, desto klarer wird mir, daß sie ein Produkt des Zerfalls ist und keine Botschaft enthält, beinahe, als wäre, was ich hier geschrieben habe und was du nun liesest, mein unbekannter Leser, nichts anderes als ein Flickwerk, ein großes Figurengedicht, ein immenses Akrostichon, das lediglich wiederholt, was jene Fragmente mir eingeben, und ich weiß nicht einmal mehr, ob *ich* es war, der hier gesprochen hat, oder ob nicht vielmehr *sie* durch meinen Mund gesprochen haben. [...] Und es ist hart für einen greisen Mönch an der Schwelle des Todes, nicht zu wissen, ob die Lettern, die er geschrieben hat, einen Sinn enthalten, oder auch mehr als einen, viele gar, oder keinen.«

In Ecos Text treffen zwei Literaturwelten aufeinander: Eine, die das Buch als Sinnträger verklärt oder verdammt oder verfeuert. Und eine andere moderne, postmoderne, die den Text als Material, als Flugsand, Buchstabensalat betrachtet. Flugasche, die Sinngehalte auflöst oder allenfalls für Augenblicke so etwas wie Sinn herstellt.

Manchmal legen nicht die Leser oder die Feinde der Literatur Hand an die Texte, sondern die Autoren selbst. Diese

Art von Autodafés wird oft als besonders prekär empfunden und löst in der Regel kontroverse Diskussionen aus.

Natürlich denkt man an Kleist, der seine größte Tragödie *Robert Guiscard* ebenso in die Flammen warf wie Heinrich Heine seinen wichtigsten Roman, den *Rabbi von Bacherach,* nach eigenen Angaben fast zur Gänze.

Wann immer Flammen im Spiel sind, geht es um nichts Geringes. Um Meisterwerke. Um Lebenswerke. Kafka macht seinem *Prozeß* den Prozeß und verurteilt ihn zum Tod durch Verbrennen. Urteilsbegründung: Unvollendet sei das Werk und un-vollkommen.

Auch Gogol überantwortet einen großen Teil seines größten Projekts, der *Toten Seelen* aus ähnlichen Motiven dem Feuer. Grund: Künstlerische Mängel. Und die fehlende Anerkennung durch Kritik und Leser. Ein Motiv, dessen Wirkmächtigkeit nicht unterschätzt werden sollte. Thomas Bernhard hat in einer Episode seines *Stimmenimitators* den Fall eines solch verkannten Genies, das zunächst sein Werk verbrennt und dann sich selbst erhängt, auf seine unnachahmlich trocken-drastische Art skizziert. Der Dramaturg Hermann Beil hat diesen »Genie« überschriebenen Text in sein Leseprogramm aufgenommen:

Die Anerkennung, die er aber erwartet hatte, sei ausgeblieben. Obwohl er schließlich um Anerkennung *gebettelt* habe, sei sie ihm von den Stellen und von den Leuten verweigert worden, die dafür zuständig gewesen wären. Es habe nichts genützt, daß er die Ungeheuerlichkeit seines Werkes unter Beweis gestellt habe. Nicht nur Kollegenneid, die ganze geistesfeindliche Atmosphäre dieser Stadt habe ihn in den Tod getrieben, ihre kopflose Unmenschlichkeit. Er habe aber, weil er seinen Charakter nicht desavouieren wolle, sein Werk noch vor seinem Selbstmord verbrannt, sein Lebenswerk verbrannt und tatsächlich in wenigen Augenblicken wieder zu nichts gemacht, nachdem es Jahrzehnte zu seiner Entstehung gebraucht hatte, und es nicht einer Nachwelt hinterlassen wollen, die es in keinem Falle verdiente. Die entsetzliche Vorstellung, daß er wie so viele seinesgleichen, erst nach seinem Tode anerkannt und also ausgenützt und berühmt werde, habe ihn seine Errungenschaft, die tatsächlich viel höher einzuschätzen sei, als alles bisher auf seinem Gebiete Gedachte und Geschriebene, vernichten lassen. Die Stadt Wien, so hat er abschließend auf seinen Zettel geschrieben, lebt seit sie besteht, von den Werken ihrer genialen Selbstmörder, er sei nicht gewillt, Glied zu sein in dieser Genienkette.

Es ist schon so: Die unnachsichtigsten, blindesten, auch inhumansten Vollstrecker von Urteilen gegen die Kunst sind oft die Künstler selbst. Auch die grausamsten Urteile gegen das Leben werden von Kunst-Figuren vollstreckt. Und beileibe nicht nur von frevelnden, fanatischen Mönchen und düsteren romantischen Alchimisten in gotischen Gewölben.

Die Konvolute der Moderne sind Aktenordner. Und die Abrechnung mit dem eigenen Lebensvermächtnis kennt keine Gnade. Ein in dieser Hinsicht geradezu erschreckendes Beispiel wird im Roman des fast vergessenen Wilhelm Raabe beschrieben. In den *Akten des Vogelsangs* veranstaltet der Protagonist am Ende seines Lebens ein Autodafé seines gesamten bürgerlichen Eigentums. Dokumente, Erinnerungsstücke, Bilder, Bücher – alles was normalerweise nostalgisch ein Leben lang verwahrt wird, übereignet er mit eigener Hand den Flammen. Denn:

»Ich wünsche nüchtern zu sterben, oder wenn du lieber willst – vollkommen ernüchtert. So eigentumslos als möglich.«

Velten Andres Lebens- und Eigentumsmüdigkeit bleibt nicht nur Idee. Der bullernde Winterofen – »deutsch-gemüthlich« höhnt er – vermittelt eine trügerische Behaglichkeit. Der Erzähler steht fassungslos und hilflos daneben, während sein ehemaliger Freund sein Leben auslöscht, indem er seine sentimentalen ›Hab-Seligkeiten‹ und Spuren anzündet:

Dies Autodafé eines Lebens wird systematisch und über Wochen hinweg vollstreckt. Der Beobachter schwankt zwischen Entsetzen und Faszination:

»Ich wehrte mich vergebens gegen das Interesse, das ich von Tag zu Tag mehr an dem seltsamen Zerstörungswerk nahm.
Meinem Weibe gegenüber den abscheulichen, den ›unsinnigen Menschen‹ noch zu rechtfertigen, hatte ich bald aufgegeben, aber bald wär's auch nötig geworden, daß ich mich nur noch verstohlen vom Hause nach dem Vogelsang weggeschlichen hätte. [...]
Es war ein Zurück- und Wiederdurchleben vergangener Tage sondergleichen. Die Woche, in der wir uns mit der Entleerung der Boden-Rumpelkammer des Hauses beschäftigten, vergesse ich in meinem ganzen Leben nicht, und ich schreibe nicht ohne Grund: wir! Was wühlten wir da alles auf aus dem Familienplunder der ›Frau Doktern‹!«

In den Reaktionen des sonst so vernünftigen Erzähler-Protokollanten spiegelt sich eine merkwürdige Mischung der Gefühle. Es ist, als ob das Feuer seine Phantasie regelrecht be-feuerte und wieder entflammte. Bedürfnisse, die im bürgerlichen Alltag allenfalls auf Sparflamme köcheln – im Moment des Fanals lodern die Flammen der Sehnsüchte auch in der Beamtenseele auf.

›Aufwühlen‹ und ›Vernichten‹ – zwei Facetten eines Prinzips: Radikal-Revision. Von daher ist es kein Zufall, daß es immer die Wahrheitsfanatiker sind, die Feuer-Zeichen setzen und kein Vermodern und Vergilben dulden. Und während die einen horten, sammeln und archivieren, sichten und rekonstruieren, versuchen die anderen nicht weniger ausdauernd, alle Spuren zu tilgen und alte Dokumente zu vernichten. Ein unendlicher Wettlauf zwischen ›Archäologen‹ und ›Archivaren‹ auf der einen, ›Anzündern‹ und ›Abfacklern‹ auf der anderen Seite findet statt.

Unmittelbar nach dem Anschluß Österreichs hat Hitler einer Einheit den Auftrag gegeben, das Archiv der Kunstakademie zu vernichten – vor allem natürlich mit der Absicht, etwaige Akten und Aufzeichnungen über seine eigenen erfolglosen Bewerbungsversuche an der Wiener Kunstakademie zu tilgen.

Und schon macht sich ein Expertenteam deutscher Historiker auf die Suche nach möglichen Resten genau jener Dokumente. Es ist, als ob ein geheimer Pakt von Zerstörung und Wiederherstellung zwei Menschengruppen Sisyphosartig aneinanderzwänge.

Deshalb gilt auch immer wieder den Büchern die besondere Aufmerksamkeit der Vertilger. Bücher sind per se Archive – auch Archive des bereits Zerstörten, das sie neuerlich sammeln: erinnerte Gefühle, Gipsabdrücke von gewesenem Leben, Reste von Spuren – alles in Worte gefasst.

Deshalb kann die Bedeutung einer liebevollen Sisyphosarbeit, wie Archivare allerorten sie leisten, auch kaum überschätzt werden: als unwiderlegbares Dokument des Sieges des ›Archivs‹ über die ›Scheiterhaufen‹! Dennoch, trotz dieses moralischen, ja faktischen Sieges muß auch die Gegenfrage erlaubt sein. Die Frage danach, weshalb uns Bücherleute eigentlich dieses Herumwühlen in Asche und Schlamm so sehr fasziniert? Schnipsel, Splitter, Fragmente. Fehlen

Euch für die Wirklichkeit die Sinne? Realität wird offenbar als indezent empfunden. Eine merkwürdige Kulturnekrophilie, für die nur die Vergangenheit zu existieren scheint. Ein Begriff wie Zukunft verursacht körperliche Beschwerden. Sind wir nicht zukunftsfähig, nur weil wir nicht auf jede Art von Zukunft Lust haben?

Ist uns die normale Zukunft zu wenig sentimental? Zu unromantisch? Zu unindividuell? Man denkt an Huxley, Orwell und die Angst vor der großen Einschläferung des kritischen Denkens. Als ob *jedes* Buch ein Kulturgut wäre. Ich frage, *muß* alles konserviert werden? In einem Museum wird man nach zwei Stunden schläfrig. Die ganze Welt als Kultur- und Geschichtsmuseum – eine grauenhafte Vorstellung. Ab und zu sollte man auch Wissensballast abwerfen. Die Unterhaltungs- und Kulturindustrie hat dreimal so hohe Umsatzzahlen wie die Waffenindustrie.

Als ob das Überleben von ein paar Büchern mehr oder weniger Verlust an kritischer Substanz bedeute. Bücher sind genauso wertvoll oder wertlos wie Menschen. Es gibt gewaltige Bibliotheken, in denen trotzdem verkalkte Ignoranten herumstochern. Natürlich sind Bücher an sich keine intellektuellen Aufputschmittel, keine Intelligenzgarantie. Und wenn ein Buch und ein Kopf zusammenstoßen und es hohl klingt, ist dies nicht immer die Schuld der Bücher.

Wir denken nicht mehr in Individuen, wir denken in Zielgruppen. Kein Mensch will heute mehr Bücher vernichten. Der Markt vernichtet Bücher. Und der Markt kreiert Bücher. Massen, Fluten von Büchern. Überflutung statt Verbrennung.

Es gibt einen Quantitätssog, der das kritisch selektive Zentralnervensystem spürbar überfordert. Ein neues Kapitel in der alten Geschichte der Herrschaft durch Bedürfnissteuerung. Marcel Reich-Ranicki, der sich gern als zähnefletschender, grimassierender Reißwolf und Kanonsetzer der Literatur inszeniert, ist so gesehen nur die Allegorie eines Typus von Kritik, die in verstärktem Maße ausschließlich Hosianna-Rufe oder Vernichtungstiraden zu ihrer Ausdrucksform macht. Binär programmierte Leser stürmen dann pflichtschuldig die Läden oder lassen die Kulturgüter desinteressiert die Lager hüten.

Das war schon immer so, könnte man einwenden und auf die gnadenlos profitorientierten Marktstrategen des 19. Jahrhunderts verweisen, wie sie in den Romanen von Balzac oder Dickens so realitätsnah geschildert werden. Etwa wenn der berühmte Verleger Dauriat in Balzacs *Verlorenen Illusionen* dem Nachwuchsautor die Rechnung aufstellt wie folgt:

> »Mein Kleiner, in sechs Monaten werden Sie ein großer Dichter sein, es wird Ihnen nicht an Kritiken fehlen und ich brauche nichts zu tun, um Ihr Buch zu verkaufen. Ich stehe heute auf dem selben geschäftlichen Standpunkt wie vorher [...] In der letzten Woche waren Ihre Gedichte für mich Spreu, heute sind sie Weizen.«

Natürlich: der Markt bleibt noch immer die größte Büchervernichtungsinstitution. Sozialgeschichtler schätzen, daß nur knapp drei Prozent qualitätsvoller Manuskripte den Weg vom Schreibtisch des Verlegers in die Regale finden, alle anderen Bücher werden noch als Manuskript-Föten abgetrieben. Von denen, die das Licht der Bücherwelt erblicken, sterben buchhändlerisch gesehen über sechzig Prozent im ersten Lebensjahr. Bleibt knapp ein Prozent ›übrig‹.

Daß diese ›survival-of-the-fittest‹-Prozedur nicht notwendigerweise einen Sieg der Qualität beinhaltet, versteht sich. Robuste, griffige Produkte setzen sich durch: Küngs kompaktes *Weltethos*-Buch etwa oder die holzschnittartigen Kulturkampfthesen eines Samuel Huntington. Trotz der scheinbaren Fülle beeinflussen immer weniger Titel in immer größeren Auflagen die sogenannte öffentliche Meinung. Ein Buchhändler in Tübingen: »Für die fünf Titel, die bei mir laufen, mach ich Stapel. Die andern sind Staffage. Ohne Staffage kommen die wichtigen nicht gut raus.«

In der Tat: Wir leben in einer Welt, die in einen riesigen glänzenden Buchladen verwandelt zu sein scheint, wo Bücher mit der peppigen Sprache der Cola-Werbung angepriesen werden. ›Global book store‹ und ›World-Wide-Web‹: Informationsflut und intellektuelle Dürre – wie soll das zusammenpassen?

Nur auf den ersten Blick sind Info-Inflation und intellektuell-emotionale Verödung ein Widerspruch in sich. Denn Inflation und Wertverfall sind ein und dasselbe. Das Buch als Serienprodukt ist für sich gesehen problematisch. Zum Unikat, zum wertvollen Einzelstück nämlich wird es ja erst durch einen kongenialen Einzel-Leser.

In der globalisierten Informations-Bücherwelt ist aber genau diese Information schwer zu bekommen: wie findet ein wirklicher Leser seinen Autor und ein wirklicher Autor seinen Leser. Der Kampf um die individuelle Wahrnehmung eines Buches durch seinen Leser ist ein *politischer* Akt. Einzigartigkeit oder Einheitlichkeit – an dieser Frage werden sich die Geister scheiden. Die kroatische Autorin Dubravka Ugrešić malt sich dazu folgendes Szenarium aus:

»Schriftsteller und Leser finden einander am Ende doch noch. Nach langer Suche treffen sie zusammen und schließen sich in die Arme. Das Treffen findet unter konspirativen Bedingungen statt, auf einer Waldlichtung, im Kreis literarisch Illegaler, abstruser Angehöriger einer ›Vereinigung der Freunde der wahren Literatur‹.«

Eine Szene, die gespenstisch an das Ende des eingangs erwähnten Films *Fahrenheit 451* erinnert. Dort retten Leser die verbrannten Bücher, indem sie sie vor ihrer Vernichtung auswendig lernen und unablässig memorieren. Sich in lebende Bücher verwandeln.

Zugegeben, vielleicht eine etwas überzogen anmutende Vorstellung. Immerhin verdichtet sich in diesem Bild die Sehnsucht nach einer – längst abhanden gekommenen – Identität zwischen Autor, Buch und Leser, ein persönlicher, emotionaler, körperlicher Bezug, über den Marketing-Strategen allenfalls lächeln werden. Dahinter lauert die Gefahr einer immer stärker spürbar werdenden Verflachung, die alle Eigenarten aufhebt und Unterschiede verschleift. Diese Art der Gleichmacherei aber ist der sicherste Weg in den neuen Totalitarismus der reinen Konsumwelt. Standarddesign der Phantasie in standardisierter Sprache. Der Ruf nach Bildungs-Standards, »Bildungs-Normen« – wie er derzeit immer eindringlicher aus den Verbildungsministerien unserer noch immer unter Pisa-Schock-Zuständen leidenden Republik zu hören ist, ist von grotesker Absurdität: Bildung als genormtes Serienprodukt, sauber evaluierbar, multiple-choice-test-geeignet, kanongeregelt – die Wunschvorstellung der Euro-Bürokraten und Kulturmarketing-Experten ist zur wahren, eigentlichen intellektuellen Einschläferungsdroge geworden. Intelligenzvernichtung durch Bücherverdichtung – eine neue Methode der Indizierung. Die Gegenwart zeigt deutliche Zeichen, daß wir uns auf dem Weg zu einer gut organisierten schönen neuen Welt befinden.

Ihr Motto: »Golden future in which there is no longer any difference between what people *are told they want* and *what they think they want.*«

Fanatische Bibliothekare im Stil des greisen autoritären

Mönchs in Umberto Ecos Abtei des Schreckens oder düstere Inquisitoren und Autodafé-Zündler sind bei dieser Form der Überwachung nicht mehr angesagt und nicht mehr nötig. Millionen von Informationsleichen dümpeln und treiben im Mainstream der politisch korrekten Meinung.

So wirkt es nur mehr wie ein Nachhall, eine Reminiszenz aus einer fernen Zeit, wenn der österreichische Dramatiker Peter Turrini, der die Zuschauer mit seinen zum Teil blasphemisch und provokant anmutenden Szenarien immer wieder schockiert, davon berichtet, daß Bischof Krenn ihn bei einer Veranstaltung mit den Worten begrüßt habe: »*Sie* wollt ich schon immer verbrennen!«

Ironie? Drohung? Bosheit? – Selbst Peter Turrini wusste nicht so recht, was er von der Äußerung des Würdenträgers halten sollte. Seinen Hinweis darauf, daß diese Art des Aktionismus wohl um 300 Jahre zu spät komme, quittierte der Monsignore jedenfalls nur mit einem trocken-melancholischen: »Das ist ja mein Dilemma.«

Vielleicht kann dem Bischof ja auch geholfen werden. Vor kurzem kam die Nachricht, daß deutsche Internetanbieter mit elektronischer Bücherverbrennung beginnen wollen, um so ihre Vorstellungen von Recht und Unrecht durchzusetzen gemäß dem vertrauten Motto: »Hiermit übergeben wir den Flammen die Internet-Seiten von www.burnradical.com«.

Sinistre, hightech-versierte Webmaster als Erben der Inquisitoren? Eine absurd erscheinende Vorstellung. Doch der Verdacht ihrer Absurdität und Unvorstellbarkeit hat die Macht der Inquisition noch nie berührt.

Wir alle müssen auf der Hut sein und auch die verborgenen Formen des »Prinzips Bücherverbrennung« attackieren. Und zwar rechtzeitig, das heißt wenn sie sich uns zeigen, wenn wir sie spüren. Erich Kästners Vermächtnis fordert dazu auf, die Faust rechtzeitig aus der Tasche zu nehmen. Und die vielen Duckmäuser zu ermutigen, aus ihrer passiven Rolle zu treten.

»Ich hatte angesichts des Scheiterhaufens nicht aufgeschrien. Ich hatte nicht mit der Faust gedroht. Ich hatte sie nur in der Tasche geballt. Warum erzähle ich das? Warum mische ich mich unter die Bekenner? Weil, immer wenn von der Vergangenheit gesprochen wird, auch von der Zukunft die Rede ist. Weil keiner unter uns und überhaupt niemand die Mutfrage beantworten kann, bevor die Zumutung an ihn herantritt. Keiner weiß, ob er aus dem Stoffe gemacht ist, aus dem der entscheidende Augenblick Helden formt. Kein Volk und keine Elite darf die Hände in den Schoß legen und darauf hoffen, daß im Ernstfall, im ernstesten Falle, genügend Helden zur Stelle sein werden.
Und auch wenn sie sich zu Worte und zur Tat meldeten, die Einzelheiten zu Tausenden – sie kämen zu spät. Im modernen undemokratischen Staat wird der Held zum Anachronismus. Der Held ohne Mikrophone und ohne Zeitungsecho wird zum tragischen Hanswurst. Seine menschliche Größe, so unbezweifelbar sie sein mag, hat keine politischen Folgen. Er wird zum Märtyrer. Er stirbt offiziell an Lungenentzündung. Er wird zur namenlosen Todesanzeige.«

»Ich bin ein Europäer« – Formel ohne Inhalt oder Zukunfts-Losung?

Die jüngsten Erfahrungen im Kontext der Abstimmungsversuche um eine ›europäische Verfassung‹ haben offenbart, was längst zu spüren war: Das Projekt vereinigter Staaten eines neuen Europa stagniert. Und alle Wiederbelebungsversuche scheinen wirkungslos zu verpuffen. Selbst die 2003 von intellektuellen Vordenkern wie Jürgen Habermas, Jacques Derrida, Umberto Eco und Adolf Muschg angestoßene Debatte blieb de facto wirkungslos. Was die Politiker verkünden, bleibt ohnehin ungehört. Wenn man ›drin‹ ist, weiß man nicht, was das sein soll: Europa. Von ›draußen‹ weiß man es sehr wohl. Ihren ersten Kontakt mit dem ungreifbaren Kontinent beschreibt die aus Japan stammende Autorin Yoko Tawada so:

> »Das Schiff verließ den Pazifik und fuhr auf das japanische Meer, das Japan von dem euroasiatischen Kontinent trennt [...] früher [existierte] eine Landbrücke zwischen Japan und Sibirien in Europa. Japan war also Teil von Sibirien gewesen. In dem Weltatlas sah ich Japan, dieses Kind Europas, das seiner Mutter den Rücken kehrte und alleine im Pazifik schwamm.«

Wie der kleine Textausschnitt aus ihrem Buch *Wo Europa anfängt* verdeutlicht, ist alles eine Frage der Perspektive, des Blickwinkels und der Herkunft.

Wo für ›Kerneuropäer‹ Europa allmählich ›endet‹, fing es für die japanische Autorin auf ihrer Reise mit der transsibirischen Eisenbahn allmählich erst an. In Irkutsk, 5.000 Kilometer vor Moskau, fühlte sie sich beinahe schon am Ziel. In Moskau im innersten Mitteleuropa angelangt. »Europa« ist also auch eine Frage der Perspektive.

Jede Nacht versuchen Menschen aus dem Tschad, aus Niger, dem Sudan durch die libysche Wüste nach Algerien, Marokko, Gibraltar, schließlich nach »Europa« zu kommen. Wenn sie in Agadès, mitten in Niger sind, glauben sie schon ein Stück näher zu sein. Nur noch 2.500 Kilometer bis Gibraltar. Schleuserorte in Algerien gelten als Türen in den Vorhof des gelobten »Landes«; nach dreieinhalb Wochen werden die meisten an der tunesischen oder marokkanischen Grenze – für sie ist das schon mit einem Bein in Europa stehend – abgefangen und zurückgeschickt. Für die wenigen, die sich an die Küsten durchschlagen, fängt Europa auf dem Schiff – einem Schrottkahn – an, und für viele endet der Traum von Europa im Meer. Hunderte, Tausende landen, treiben an der Küste an – tot. Die sizilianischen und spanischen Behörden verwalten die Dunkelziffer der Toten.

Als am 1. Mai 2004 die Osterweiterung gefeiert wurde, überall bei offiziellen Events Beethoven, Wassermusik und Feuerwerk serviert wurde, waren die Wasserleichen nicht mit von der Partie. Das Transitlager Ceuta stand nicht im Mittelpunkt der Feierlichkeiten. Die Schleusermafiosi in Tuzla und Temeswar waren gleichfalls nicht unter den geladenen Gästen.

Zwischen Festtagsauftritt mit symbolhaftem Gepränge (die Fahnenmasten müssen Solidarnosz-Aura aus Danzigs Werft symbolisieren!) und Banalität des Bösen (Europa, dunkler Kontinent) bewegt sich das europäische Denkszenarium nun seit mehr als diesen zwölf Jahren nach der Wende beschleunigt, und es ist Zeit, Rückschau zu halten.

Für den türkischen Autor Aras Ören, der seit mehr als einem halben Leben in Berlin lebt und schreibt, schien es lange Jahre so, als würde »der Bosporus in die Spree fließen« und sich peu à peu ein »dritter Ort«, ein Gewässer jenseits der alten Meere bilden. Inzwischen – ernüchtert von zwei Kulturen – hat er es längst aufgegeben von »Brücken« oder von »Fähren«, Drehscheiben und ähnlichem zu sprechen: eine »Falle« sei aus dem Versprechen der Bi- oder Plurikulturalität geworden, ein Archipel Gulag der kulturellen Isolation statt einer Verbindung nach beiden Seiten: vom Traum eines ›sowohl als auch‹ zum integrativen Appell des ›entweder oder‹ hin zum tristen weder deutsch noch türkisch. Und wenn nun auch noch dazukommt: Türken seien keine Europäer, so ist dies das »Ende des Exodus«. – Die Schleuse ist geschlossen, die Schotten sind dicht.

Man sagt, die Entwürfe der Dichter seien oft einseitig: Hiobsbotschaft, Horrorvision und Kassandraruf seien ihre topischen Ausdrucksformen. Allerdings: Kassandra hat oft Recht behalten. Nur einfach früher als andere gespürt, was sich anbahnte. Nicht nur deshalb scheint es mir wichtig, auf sie zu achten und sie nicht nur als kulturelle Girlande oder im poetischen Rahmenprogramm zu zitieren.

Wenn ich es aufgrund der Beobachtung dieser Stimmen im Verlauf der vergangenen zwanzig, fünfundzwanzig Jahre nicht ganz falsch sehe, lassen sich in der Tat etwa drei Phasen erkennen, die sich am Beispiel des deutsch-türkischen Verhältnisses veranschaulichen lassen. Zunächst war da die Zeit des ›Gastarbeiter‹-Status mit Rückkehrhoffnung in der Tasche und Paria-Bewußtsein im Kopf. Bis in die neunziger Jahre wurden dann unterschiedlichste Entwürfe plurikultureller Vermischungen und hybrider Lebensformen erprobt. Jetzt dominiert eine massive Verhärtung der Fronten. Von Rückkehr keine Rede. Von *clash of civilisations* um so mehr. Statt *Bitte nix Polizei* (Ören) *Kanak Sprak* (Zaimoglu) als Antwort auf die Skinheads.

Diese drei Phasen, vielleicht sollte man besser sagen, drei Wege, drei Strategien, markieren zugleich Stadien der Auskristallisation dessen, was man als ›transkulturelles‹ europäisches Bewußtsein der Postmoderne beschreiben könnte. Einfach gesagt: Wie steht Europa zu sich selbst? Zu seinen Immigranten? Und zum Rest der Welt? ›Steht‹ es überhaupt so, daß man von einer Haltung sprechen kann? Von einer Haltung, die trägt, weil sie sich überträgt. Ich spreche nicht von Willenserklärungen, politischen Proklamationen, offiziösen Statements, sondern von der geschichtsabgewandten Seite des Lebens der Menschen. Und von ihren Einstellungen.

Liest man noch einmal Texte aus den frühen neunziger Jahren, der Zeit nach der Wende, vor den Balkankriegen, so taucht das Thema Europa als Chimäre einer besseren Zukunft aus der Versenkung der Geschichte wieder auf. Die bis dahin eher als antiquiert belächelte Chiffre »Europa« wird zu einer Art Beschwörungsformel: von Mitteleuropa und seinen Werten war und ist verstärkt die Rede, von einem neuen Deutschland im zusammenwachsenden Europa, vom Europa der Regionen und – natürlich – vom gemeinsamen Haus Europa. Fast scheint es so, als würde durch das Hinzufügen der Vokabel ›Europa‹ alles besser, zukunftsträchtiger – oder ungefährlicher.

Auf der anderen Seite, und völlig gleichzeitig hierzu, ist ein zögerlicher und sogar aggressiver Umgang der Intellektuellen mit der ›Chiffre‹ und der Wirklichkeit Europas festzustellen. Gerhard Köpf zum Beispiel buchstabiert in einem *Zeit*-Artikel unter dem Titel »Europa eint der Haß« wie folgt:

»E wie Egoismus
U wie Ungeduldsamkeit
R wie Rassismus
O wie Overkill
P wie Pogrom
A wie Ausländerhaß.«

Andere, wie der Niederländer Cees Nooteboom, sprechen vom europäischen Bewußtsein eher im ironisch-distanzierten Ton, etwa wenn in der Gebrauchsanweisung »Wie wird man Europäer?« der Vorschlag gemacht wird, »fremde Kontinente [zu] erobern, Nachbarländer [zu] überfallen, Fußball [zu] erfinden, Klosterschulen [zu] besuchen, ›Le Monde‹ [zu] lesen ...«. Hans Magnus Enzenbergers süffisant gehauchtes »Ach Europa!« stand dieser intellektuell-mondänen Diskursvariante schon vor Jahren Pate.

Natürlich ist diese abwehrende Haltung als Reaktion zu verstehen. Als Reaktion auf einen sich anbahnenden möglichen oder bereits wirklichen Alptraum, in dem die europäische Idee wohlfeil vermarktet und verwaltet wird: ein gigantisches ›Euro-Disney‹ auch der Kultur, flurbereinigt, begradigt, steril. Ein Europa ohne Europäer, als blasierte, einbalsamierte Modeleiche, internationalistisch orientiert, dabei erfolgreich, dynamisch, gutaussehend und verwaschen human.

Ein zweiter Alptraum begleitet synchron diesen: Europa in rassereine National- (Clan-, Stammes-, Gruppen-) Kultürchen zersägt und sich weiter zersägend. Differenz als Stigma. Kultur als Signatur in die Wolle der eigenen gegen die der anderen Herde gedrückt. Klein als rein und damit besser. Kosovo ist – strukturell – fast überall. Auch im sich so verteufelt humanistisch wähnenden ›Cafe Zentraleuropa‹. Man braucht bloß den Politikern auf die Zunge zu sehen und ihren zersetzenden Wortprägungen (von damals?) zu lauschen: »Leitkultur«, »gemischtrassige Gesellschaft«, »Verschub«, »Umvolkung«, »Esperanto-Geld«, »Schein-Asylantentum« als tradierte Formeln der kriegsgeschichtserfahrenen europäischen »Wertegemeinschaft«?

So gesehen ist es kein Wunder, daß die Menschen nun nicht wie Pawlowsche Hündchen der Politik beim Stichwort ›Europa‹ euphorisiert aufspringen, sondern etwas resigniert und etwas aggressiv abwarten. Was die Glaubwürdigkeit der Macher anbelangt, so sah ein kluger, weitsichtiger Autor wie etwa W. G. Sebald bereits 1992 ganz klar:

> »[...] so etwas wie eine Nationalkultur [gibt es] eigentlich nicht [...], und wenn es schon eine Nationalkultur nicht gibt, [...] dann ist natürlich eine Europakultur, also eine potenzierte Nationalkultur, eine Absurdität sondergleichen. Ich halte es nicht für möglich, eine geeinte Europakultur in irgendeiner Form herzustellen.«

Sein Resumé: Zukunft ade, denn:

> »Der Riß zwischen Natur und dem, was nach der Natur kommt, geht mitten durch uns hindurch, durch unsere Körper und durch unsere Seelen, weil wir Agenten des Transformationsprozesses sind von Natur in etwas anderes. [...] Man kann prinzipiell nicht sagen, was sich aus der Gegenwart entwickelt.«

Wirklich nur eine intellektuelle Schreckensvision? Jetzt, gut zehn Jahre später, bietet sich ›uns‹ ein Szenarium der verwirrendsten Art: Terrordrohungen, Fundamentalismen, Osterweiterung, Irakkrieg, Demarkationslinie ›Türkei‹ ... ›Wir‹ stehen vor einer Situation jenseits der alten Fragen.

Die Chimäre des europäischen Umrisses hat sich bis zur Unkenntlichkeit verändert.

Ungelöst die Frage der Ost-Erweiterung, ungelöst – nur kosmetisch übertüncht – der Balkankonflikt. Sarajevo ›spielt‹ auf urban, im Land floriert der Waffen- und Drogenhandel, Jobs sind praktisch inexistent. Ungelöst auch die Türkeifrage zwischen ›einbetten‹ oder ›ausgrenzen‹. Nur im ›Grand Prix Eurovision de la Chanson‹ und im Fußball gehört die Türkei dazu. Anatolien ist sozusagen »jenseits von Eboli«.

Ist Europa eine geo-politische Sache? (Identität, Doppelidentität?) Eine der Werte? (Religiös, philosophisch, natürlich?) Auf dem Weg zu einer europäischen Wissensgesellschaft? (Breite/Elite? Vielfalt? Standards?) Staatsbürgerschaft und ›Governance‹ in Europa? (Verfassung, Gemeingeist, Volksgeist, Republik?) Eine des Glaubens? (Christentum, Islam, Indifferenz?) Eine der Sprachenvielfalt?

Wann immer sich so viele grundsätzliche und grundsätzlich unmöglich eindeutig zu beantwortende Fragen stellen wie im Fall ›Europa‹, tut man gut daran, sich der Sache und der Tatsachen zu erinnern und diese lebbar zu machen. Oft muß man nur den Status Quo, den faulen Kompromiß, das open-end-Lebensgefühl, das Halbinseldasein ermöglichen statt die billige Sucht nach Eindeutigkeit und Anti-Ambivalenz zu befriedigen.

Was haben wir also:

- Ein Etwas, das sich in fast chaotischen Zyklen verändert und vervielfacht.
- Ein Etwas, das sich seine überregionalen Wanderwegs-Präferenzen wie Flußläufe sucht: nicht zubetonieren, sichern sollte man diese Flußläufe.
- Ein Etwas, das sich aus bis zu einem gewissen Grad beweglichen Modulen zusammensetzt. Zellen, deren Wände

und Membranen nicht immer gleich dicht oder durchlässig sind.

- Ein Gebilde, das sich ein neues Regelwerk zwischen sehr vielen Möglichkeiten erarbeiten muß: Europa ist ein liquider Verbund, der nicht hergestellt wird, sondern der sich herstellt: in angemessener Zeit.
- Ein Biotop der Differenzen und Überlagerungen ohne Normierungskartell.
- Ein Laboratorium neuer flexibler, funktionaler Verfassungsmodelle.
- Ein Etwas mit unscharfen Rändern. Türkei ist ein Beispiel, an dem sich die Grenzen und Möglichkeiten dieses Systems mit allen Problemen verdeutlichen lassen: Alle Fragen sind nur auf Zeit zu beantworten.
- Ein Gebilde ohne ›Leitkultur‹, ein Etwas der Mehr-Deutigkeit und der gewachsenen ›Standards‹.
- Eine ganz besondere Gesellschafts-Struktur, die auf Kommunikation, Kommunikation und Kommunikation basieren muß, nicht aus Resolutionen besteht.

Kurz: Eine unvollendete, transkulturelle Baustelle.

Altneuland Europa – Kanon eines komplexen Kontinents und sein ›jüdisches Erbe‹

»Altneuland Europa – Kanon eines komplexen Kontinents« – ein zugegebenermaßen etwas verwirrender Titel. Nicht aus dem Bedürfnis aufzufallen oder zu irritieren, sondern weil ich selbst im Umgang mit dem Thema meine Schwierigkeiten hatte. Ich möchte nicht provozieren, sondern vor möglichen Holzwegen warnen.

Ich will meine Schwierigkeiten auch deshalb nicht diskret unterschlagen, sondern kurz skizzieren, weil ich glaube, sie verweisen auf eine Symptomatik, Problematik, mit der wir uns auseinandersetzen müssen, wenn wir das »jüdische Erbe Europas« diskutieren. Schließlich ist die europäisch-jüdische Geschichte auch eine Geschichte permanenter Abstoßungen und Ausgrenzungen, kompliziert verschraubter Halbdialoge, von Mißverständnissen und Irritationen; eine Serie von Verständigungskollapsen und kulturellen Zusammenstößen, Auslöschungen und verspäteten Rehabilitationen. *Conquista* und *Reconquista*, Religionskriege standen am Beginn eines neuen Europa: Judenvertreibungen, Hexenverbrennungen, Glaubens-Massaker: Die Topographie ›Europas‹ beinhaltet die vielleicht größte Feindbildkonzentration auf vergleichsweise engem Terrain. Und die Juden repräsentieren so etwas wie den kleinsten gemeinsamen

Nenner – die Leitkultur der Feindbilder, die Mutter der Feindbilder: transatlantische Exilströme ohne Wiederkehr und der Holocaust sind ein so gewaltiges Fanal der Ausgrenzung, Abstoßung und Verweigerung, daß ich so meine Schwierigkeiten habe, noch immer in Termini des ›Dialogs‹, der ›Begegnung‹, der ›Symbiose‹ zu reden. Zum harmonisierenden Wortfeld gehört wohl auch der Begriff des ›Erbes‹, der doch eine Art geregelten Übergangs von Gütern und Habseligkeiten von Verwandten oder befreundeten Menschen unterschiedlicher Generationen beinhaltet. Sieht man den Vorgang des Erbens allerdings von seiner ganz pragmatischen Seite, so ist auch an einen weniger erbaulichen Aspekt zu denken. Denn die Voraussetzung, um den Erbfall eintreten zu lassen, ist nun einmal der Tod des Erblassers. Sowohl was den konkreten wie den metaphorischen Gebrauch des Begriffes beinhaltet: man spricht vom ›Erbe der Antike‹ – und impliziert damit, daß der große Pan tot ist. Man spricht nostalgisch vom ›Erbe der Habsburger‹, wohlwissend, daß es damit sein Bewenden und die erblassende Kultur ausgedient hat. Allenfalls noch etwas nostalgisch weiterdümpelt. Deshalb frage ich mich, ob man bei unserem Thema an diese Implikation gedacht hat? Wenn man es getan haben sollte, war man gut beraten.

Denn: nicht zu berücksichtigen, daß man es im Fall des ›jüdischen Erbes‹ mit der Erbschaft eines vorher *gewaltsam* zu Tode Gebrachten zu tun hat und daß die europäische Erbengemeinschaft mit diesem kollektiven Totschlag, Mord, Massenmord massiv zu tun hat, wäre in meinen Augen ein beachtlicher Verfahrensfehler, der zu einem völlig verzerrten Bild führen würde. ›Jüdisches Erbe‹ in Europa, in Deutschland – ich wiederhole es – kommuniziert eine Vorstellung, die das Entscheidende unterschlägt.

Man braucht sich die Erben ja nur einmal genauer anzuschauen: Martin Walser etwa, der mit instinktsicherer Hand die Hohlräume der kollektiven Seele abklopft und bewohnt und mit den Tabuthemen medienwirksam spielt. Oder die eifrigen Komitees, die im liebevollen Restaurieren ›judenfreier‹ jüdischer Synagogen Erleichterung und Sinn finden. Der rührende und auffällige Eifer ungezählter evangelischer und katholischer Tagungsstätten, ›jüdische Themen‹ respektvoll nachhaltig und insistent zu bearbeiten: unvergeßlich ein solcher Kreis, dem ich einmal unter Leitung eines hoffnungslos unglücklich in Poesie verliebten Pfarrers beiwohnen durfte. In Art einer philosemitischen Pfadfindergruppe schwärmte alles aus, um in der Gemeinde nach ›jüdischem‹ Gedankengut zu stöbern. Und stolz apportierte man dann die ererbten Besitztümer, Trophäen und Relikte zwei Wochen später: Bücher mit jüdischen Exlibris, Fotos, auf denen die Synagoge in der Tübinger Gartenstraße noch existierte, das Geschäft von XY, als es noch den Namen von XY trug und nicht den des arischen ›Erben‹. Eine Karte, auf der mit Filzstiftkreuzen die Häuser bezeichnet waren, in denen jüdische ›Mitbürger‹ gewohnt hatten, weil man einen Geschichtspfad vorbereiten wollte, mit dem Ziel, jedes dieser Häuser mit einem entsprechenden gelb grundierten Schild zu versehen. Und eine Liste entstand; mit den Namen der unter tragischen Umständen abhanden Gekommenen. Und eine zweite von solchen Mitbürgern, die noch lebten und die man einladen wollte. Auf eine Rückkehr ohne Verbindlichkeit. Und an Ernst Bloch wurde erinnert, den ›Gastprofessor auf Lebenszeit‹. Und schlechte Gedichte wurden gelesen. Und eine uralte Schallplatte war aufgetaucht mit Liedern wie die im *Hiob* von Joseph Roth.

Es war ein Flohmarkt der Erinnerungen, ein Basar der

Nostalgie. Kurz: eine Verschwörung der gemeinsten Gutartigkeit; und sage keiner, diese Art von Aktivitäten seien nur provinzieller oder trivialer Natur, so als ob es nur eine sentimentale, nicht auch eine nicht minder gravierende intellektuelle Unschärfe und Unredlichkeit gäbe. Kaum eine Universität, die sich derzeit nicht darum bemühte, irgendwelche deutsch-jüdischen oder jüdisch-europäischen Studienzentren zu etablieren. Symptomatischerweise fast immer angelagert an theologische Fachbereiche. All diese Aktivitäten sind natürlich nicht per se zu verurteilen. Aber sie sind auch nicht per se zu begrüßen. Es bedarf einer genauen Klärung dessen, was erforscht werden soll und wer beteiligt ist.

An der Schnittstelle dieser Art des Umgangs mit den jüdischen Traditionen steht richtigerweise das Judentum als besonders exponiertes Paradigma für den Antagonismus und die Dialektik von Säkularisierung und Renaissance der Religion in der Moderne. Das zeigt sich etwa daran, daß ausgerechnet die gesellschaftliche, politische und kulturelle Modernisierung des Judentums seit der Aufklärung mit seiner Beschränkung auf eine Konfession einherging (so begründet etwa bei Moses Mendelssohn) oder später an den theologischen Implikationen des Zionismus (nicht nur des Kulturzionismus), indem die Trennung der Kultur und vor allem der Politik und der Justiz von der Religion selbst da, wo sie programmatisch gefordert wurde, immer wieder von einer neuen Emergenz des Religiösen eingeholt wurde, ersichtlich bis in jüngste Debatten und Konflikte. Umgekehrt läßt sich auch zeigen, wie nicht nur das Reformjudentum, sondern auch die jüdische (Neo-)Orthodoxie seit dem 19. Jahrhundert auch in einen dialektischen Dialog mit der Moderne getreten ist. Zitat aus einem Projektantrag:

»Die Fokussierung auf das Judentum soll durch vergleichende Perspektiven auf andere religiöse Modernisierungsprozesse erweitert werden, vorwiegend im Umfeld der christlichen und der islamischen Religionen, zu denen das Judentum in einem Verhältnis steht. Auch hier ist nach den komplementären Prozessen der Säkularisierung und der Renaissance von Religion zu fragen, dies sowohl in systematischer als auch in historischer Hinsicht. In dieser vergleichenden Perspektive soll ein besonderes Augenmerk auch darauf gerichtet werden, daß die ›Schübe‹ der Säkularisation wie der Renaissance der Religion in der christlich-abendländischen, der islamischen und der jüdischen Kulturgeschichte meist zeitlich versetzt erfolgten, womit die Begegnung dieser Kulturen wie ihre Abgrenzung gegeneinander in einem besonderen Maße zu einem Katalysator der Entwicklung wurde.«

Wenn ich das richtig verstanden habe, figuriert das Judentum innerhalb dieses akademischen Szenariums als eine Art methodologischer Metaebene, als ein Medium für eine intellektuelle Operation in Sachen Moderne. Die intellektuelle Variante der Erbverwaltung besteht sichtlich darin, Distanz und Interesse zugleich zu signalisieren und sich mittels der jüdischen Tradition zu positionieren; es ist ganz eigentümlich: Celan, Kafka, Derrida; Hannah Arendt, Karl Kraus, Aby Warburg, Ernst Cassirer – jüdische Autoren und Wissenschaftler sind mittlerweile zu Gewährsmännern und -frauen für das intellektuelle Format der sie wissenschaftlich betreuenden Nachgeborenen geworden. Gelegentlich überheben sich die Erbnehmer beim Versuch, sich des hochkarätigen und schwergewichtigen Erbes zu bemächtigen. Aus dieser Überforderung erwächst in der Regel ein relativ starker Impuls des Dominanzgebarens, der sich in rabiatem methodischen und begrifflichen Zugriff äußert.

Auf die Gefahr hin zu verärgern: Es ist etwas zutiefst Mißverständliches in dem europäisch-jüdischen Erbschaftsverhältnis, das zu beschreiben nicht ganz einfach ist, zu korrigieren noch weniger. Die Radikalen, Mächtigen oder Skrupellosen benennen und berühren diese Tabuzone, die Mehrheit umschreitet sie unbestimmbar.

In München gibt es eine kleine Straße hinter der Feldherrnhalle, die zur Nazizeit als Ehrentempel der deutschen Helden ausgestaltet war. Passanten, die es vermeiden wollten, vor der Feldherrnhalle mit Hitlergruß ihre Loyalität zum System zur Schau zu stellen, gingen daran hinter dem Mahnmal, durch besagte kleine Gasse, vorbei: »Drückebergergassl« nannte man sie deshalb.

Was die öffentliche Zurschaustellung der europäisch-jüdischen Verbindungen betrifft, so gibt es eher ein gegenteiliges Verhalten zu beobachten: weit mehr auf dem Präsentierteller denn im Verborgenen wird das gemeinschaftliche Glück dargestellt, manche scheuen ja bekanntlich nicht einmal davor zurück, von einer »Erfolgsgeschichte« zu schwärmen. Zur Erklärung muß freilich gesagt werden, daß sich eine solche ›Gemeinschaft‹ auf der Basis eines tiefen Mißverständnisses – genannt ›Symbiose‹ – über Jahrzehnte, vielleicht sogar Jahrhunderte vorbereitet hatte. Es gibt kaum ein erschreckenderes Zeugnis für den an Torheit streifenden völkischen Unterwerfungs- und Erwartungsgestus, der insbesondere die deutschen Juden kennzeichnet. Noch 1934 schrieb Hans-Joachim Schoeps in *Bekenntnis*:

»Wir deutschen Juden wollen nicht unser Glück, sondern das Glück des Vaterlandes ist unser Glück. Wir suchen nicht die eigene Freiheit, sondern die eigene Gebundenheit [...] Wir stehen in Wartehaltung, alle Muskeln gespannt, jeden Tag [...] bereit, einzuspringen und am deutschen Werk mit unseren Händen anzupacken.«

Und der Mitbegründer des Leo-Baeck-Instituts, Ernst Simon, spricht nach Auschwitz, 1955, noch immer – vorsichtig abwägend – in Jerusalem vom »geistigen Erbe des deutschen Judentums«. Martin Buber diagnostiziert 1939 zwar das »Ende der deutsch-jüdischen Symbiose«, aber man glaubt förmlich noch zu spüren, wie schwer der Abschied von der großen Illusion dieser Symbiose fällt; und in der Rückschau auf die ›griechisch-jüdische‹ und die ›spanisch-jüdische‹, ›arabisch-jüdische‹ Kultur wird selbst jetzt der Traum der ›deutsch-jüdischen‹ Begegnung beschworen:

»Es gibt kein Gebiet deutscher Existenz, in dem nicht jüdische Menschen *führend* mitgewirkt hätten: wertend, ordnend, deutend, lehrend, gestaltend. Das war kein parasitäres Dasein. [...] Aber tiefer noch als durch individuelle Leistung wird die Symbiose durch ein eigentümliches Zusammenwirken deutschen und jüdischen Geistes beglaubigt.«

Es ist vielleicht kein Zufall, daß ausgerechnet eine Lyrikerin, Margarete Susman, mit etwas mehr Realitätssinn an den Mythos ›deutsch-jüdische Symbiose‹ herangeht und 1935 nüchtern eingesteht:

»In diesem Augenblick brach das grauenvolle, das furchtbarste Schicksal, das Juden je traf, wo sie sich so tief in ihr irdisches Vaterland Deutschland hineingewachsen wähnten, [...] wo sie sich so von ihrer Wahrheit abgewendet hatten, über den jüdischen Menschen herein [...] und diesmal, in diesem Augenblick, wo es unmöglich geworden schien, die Identität der deutschen Kultur zu zerstören, ohne das Gewebe zu zerreißen.«

Kanon der gemeinsamen Werte: Adieu! Danach war zwar der Erbfall eingetreten, die natürliche Erbfolge aber unwiederbringlich zerstört.

Wo die Genealogie der Ideengeschichte definitiv und programmatisch negiert wurde, gibt es keine geradlinigen Verbindungen mehr, keine gewachsenen Abfolgen und keine gesicherten Herkünfte. In seinem *Roman eines Schicksalslosen* hat Imre Kertész die Situation unprätentiös und präzise festgehalten. Später in *Ich – ein anderer* resümiert er:

»Habt ihr bemerkt, daß in diesem Jahrhundert alles eigentlich wird, sein eigentliches Wesen offenbart? Der Soldat wird zum Berufsmörder, die Politik zum Kapitalverbrechen, das Kapital zu einem mit Krematorien ausgerüsteten Menschenvernichtungsbetrieb, die Weltfreiheit zum Völkergefängnis, der Antisemitismus zu Auschwitz, das Nationalgefühl zum Genozid. Unser Zeitalter ist das Zeitalter der Wahrheit. Doch aus purer Gewohnheit wird weitergelogen ...«

Der Kanon des Judentums und der Kanon der Literatur stehen für ein geschlossenes Weltbild, das uns teilweise abhanden gekommen ist, sind Erinnerungen an einen Zusammenhang ohne Verbindlichkeit. Die Literatur beglaubigt diesen allmählichen Zerfallsprozeß und hat die Radikalität, den Pakt der kollektiven Lügen zu durchbrechen. Weniger feierlich ausgedrückt: sich nichts vorzumachen.

Die Literatur, Literatur auf hohem Niveau und nicht als Religionsersatz mißbraucht, sondern um ihrer selbst willen, weist einen, vielleicht den letzten Ausweg aus dem Dilemma. Auf dem Felde der Literatur kann eine krumme Drückebergergasse zum Königsweg werden. – Krummer, verstörter Wesen wie im *Gespräch im Gebirg*. Sprachgeholper. Zwangsjacken-Dialog auf freiem Feld. Krumm und erhellend gewunden und verschlungen wie Celan-Texte.

Der Kanon der großen Texte setzt sich fast ausschließlich aus solchen krummen Doppelwegen, verschlungenen Pfaden zusammen: ›Heinrich Heine: Akrobat auf dem Hochseil der Identitäten: Europäer, Deutscher, Franzose, Jude. Deutsche

Chauvinisten erliegen wider Willen dem Charme der »innigsten deutschen Lieder«, die aus der Feder des ungeliebten Suspekten kamen. Während umgekehrt Friedrich, Protagonist in Herzls Buch *Altneuland*, ihn als authentische Stimme eines neuen Judentums memoriert:

»Wundersam ergriffen diese Klänge das Gemüt Friedrichs. Sie trugen ihn zurück in Fernen seines eigenen Lebens [...]. Ihm [...] kamen schöne deutsche Verse in den Sinn: die ›Hebräischen Melodien‹ von Heinrich Heine. Da war Prinzessin Sabbath wieder, ›die man nennt die stille Fürstin‹. Der Tempelsänger hob das alte Lied zu singen an, das in vielen hundert Jahren dem zerstreuten Volke heimwehweckend erklungen war, in unzähligen Synagogen auf dem Erdenrunde, das Lied des edlen Dichters Salomon ben Halevy:

›Lecho Daudi Likras Kallo ...‹
Und wie Heine deutsch gemacht:
›Komm, Geliebter, deiner harret
Schon die Braut, die dir entschleiert
Ihr verschämtes Angesicht!‹

Ja, Heine fühlte als ein wahrer Poet die Romantik, welche im Schicksale seines Stammes enthalten war. Und daß er die innigsten deutschen Lieder sang, hinderte ihn nicht, auch die Schönheit der hebräischen Melodien zu finden.«

Ausgerechnet Heine, der im *Rabbi von Bacherach* den Suspekten schlechthin in Gestalt von Don Isaak ins Spiel bringt.

»›Du hast uns nie geliebt, Don Isaak ...‹
›Ja‹ – fuhr der Spanier fort – ›ich liebe eure Küche weit mehr als euren Glauben; es fehlt ihm die rechte Sauce. Euch selber habe ich nie ordentlich verdauen können. Selbst in euren besten Zeiten, selbst unter der Regierung meines Ahnherrn Davids, welcher König war über Juda und Israel, hätte ich es nicht unter euch aushalten können, und ich wäre gewiß eines frühen Morgens aus der Burg

Zion entsprungen und nach Phönizien emigriert, oder nach Babylon, wo die Lebenslust schäumte im Tempel der Götter …‹
›Du lästerst, Isaak, den einzigen Gott‹ – murmelte finster der Rabbi – ›du bist weit schlimmer als ein Christ, du bist ein Heide, ein Götzendiener …‹
›Ja, ich bin ein Heide, und ebenso zuwider wie die dürren freudlosen Hebräer sind mir die trüben, qualsüchtigen Nazarener.‹«

Oder Kafka, zwischen der tschechischen, der deutschen und der jiddischen Kultur und Literatur in deutscher Sprache – Weltliteratur.

Was jüdische Autoren Europa und der Welt wirklich gegeben haben, haben sie nicht als jüdische Autoren, sondern als Individuen vermittelt. Und das haben sie mit allen Autoren gemeinsam. Ihr unfreiwilliger Vorteil: die Veränderung des Blickwinkels aufgrund einer permanenten Veränderung der Lebensräume: Exil, Migration, Wanderschaft, Flucht, Auswanderung: den bis zum Extrem angespannten Zustand der Spannung zwischen Auserwähltheitsglaube und Außenseiterstellung. Von Beginn an ist die jüdische Geschichte eine Geschichte der Unbehaustheit, der Ansässigkeit auf Widerruf. Was den Ausnahmezustand für viele bedeutet, ist hier die Selbstverständlichkeit: Dauermigranten!

Autoren jüdischer Herkunft ist die Fähigkeit des doppelten Blicks zur zweiten Natur geworden. Sie sind dadurch Vorläufer der Migrationsliteratur avant la lettre geworden; im Netzwerk der Verbindungen. Zionisten wie Herzl denken in Vernetzungen, nicht Finalitäten:

»[…] Das im vorigen Jahrhundert begonnene Netz der kleinasiatischen Bahnen ist längst ausgebaut. Man fährt im Eisenbahnwagen nach Damaskus, Jerusalem oder Bagdad. Seit die Eisenbahnbrücke über den Bosporus fertig ist, kann man ja überhaupt ohne den Wagen zu wechseln von Petersburg oder Odessa, von Berlin oder

Wien, von Amsterdam, Calais, Paris, Madrid und Lissabon nach Jerusalem fahren. Die großen europäischen Expresslinien haben sämtlich Anschluß an die Linie nach Jerusalem, sowie die palästinensischen Bahnen wieder Anschluß nach Ägypten und Nordafrika haben. Die nord-südafrikanische Linie, für die sich der deutsche Kaiser schon in den neunziger Jahren interessierte, und die sibirische Bahn nach den Grenzen Chinas ergänzten dieses Eisenbahnnetz der alten Welt. Wir befinden uns an einer vorzüglichen Stelle dieses Netzes.«

Sie sehen, ich bin längst auf einer alles andere als nur pessimistischen Seite der deutschen oder europäisch-jüdischen Geschichte gelandet. Ich wollte nur zuerst loswerden:

1. Es darf keine nostalgische ›Klezmer-Geschichte‹ sein.
2. Es darf keine verlogene Geschichte sein.

Kanon hin, Einmaligkeit her: Da ist etwas Grauenhaft-Banales, etwas Banal-Grauenhaftes passiert. Und fast alle sind dabei zu Tode gekommen. Aber: Ein paar leben noch, und es wird weitergelebt, -gesprochen und -gedacht. Das heißt von nun an wird es *nur mehr* kleine Heines, kleine Kafkas, kleine Celans geben: Leben mit Bruchstellen, Identitäten, die aus mehreren Biographien bestehen, verwirrende Geschichten ohne Erlösungs-Happy End, aber vielleicht auch ohne Vernichtung. Viele komplizierte, gemischte Identitäten und Gefühle. Zu denen man sich behutsam bekennen lernen *muß*.

Der Holocaust mag ›einzigartig‹ sein oder nicht. Es könnte sein, daß es ratsam wäre, in die ziemlich akademisch anmutende Diskussion um mögliche Parallelphänomene nicht allzu viele Energien zu investieren.

Die Situation von jüdischen Menschen in verschiedenen Kulturen ist jedenfalls *heute* nicht mehr einmalig. Die französische Psychoanalytikerin Julia Kristeva hat schon vor mehr als zwanzig Jahren diagnostiziert, daß es in der Moderne für sehr viele Kulturen darauf ankommen wird, sich mit dem Paradoxon, ›fremd‹ zu sein im ›Vaterland‹, zu arrangieren. ›Gemischte kulturelle‹ Alteritäten und Verhältnisse sind Lebenswirklichkeit – Millionen von jüdischen Menschen haben sie seit Jahrhunderten gemacht. Aber Millionen anderer Menschen aus anderen Kulturen auch: Armenier, Türken, Serben, Chinesen, Mexikaner, Palästinenser. Und fast alle glauben an ihre Ausnahmestellung. An ihren ›Kanon‹.

Mein Vorschlag zur (Selbst-)Analyse: sich als sehr eigenartig, aber bitte nicht als einzig-artig und keinesfalls als »auserwählt« zu verstehen, könnte hilfreich sein. Eine gewisse Interpretation des Monotheismus des Denkens, des Lebens, des Empfindens paßt überhaupt nicht mehr in die Moderne. Der Kampf gegen den Terror humorloser Rechthaber ist der wirkliche Kulturkampf, den es zu führen gilt: *Eine* Wahrheit? *Ein* Recht? *Ein* Gott? – Oder Wahrheitsmuster, Rechtskonstrukte, Bilder von Gott: dazwischen gilt es sich zu entscheiden, ob in der Religion oder in der Politik. Erlauben Sie den bescheidenen Vorschlag, in dieser Welt para-religiöser Busch-Feuer-Werke einen nüchternen Blick für die Konstruiertheit *aller* unserer Wahrnehmungen und Vorstellungen kultureller und religiöser Art zu bewahren. Vielleicht auch: ihn wieder zu erobern?

Wenn alles klappt, erreichen wir dann vielleicht wieder das Niveau von Lessing im *Nathan* (1772). Was fordert der Aufklärer? Zum Beispiel drei Religionen als drei Faksimiles, als drei Kopien zu erkennen, von denen keine echter als die andere, keine Wahrheit wahrer als die Wahrheit der anderen ist. Und: eine Welt, in der jeder *auch* ein anderer ist, als er glaubt zu sein. Jeder ist ein ›Mischling‹ zwischen verschiedenen Herkünften. Und: das Leben in einer Geschichte voller Verstörungen.

Auch der Kanon muß neu geschrieben werden. Ich wüßte nicht, was an dieser Forderung problematisch sein sollte. Ein Kanon soll ja keine Betonwand sein, sondern ein geschickt geknüpftes Netz, an dem man sich lesend durchs Leben hangeln kann. Fast alle großen Mythen sind Palimpseste aller möglichen synkretistischen Bestandteile. Sollen ausgerechnet wir Kulturzapper und medialen Wechselbälger am Eisberg von Monotheismen des Denkens zerschellen? Vielleicht ist nach der ›Sturzgeburt‹ des Holocaust jetzt der Zeitpunkt gekommen, zu ein wenig Beweglichkeit, auch Leichtigkeit zurückzukehren? Nicht immer so viele falsche Ent-oder-weder-Alternativen aufzustellen. Lieber ein kluges ›sowohl als auch‹ dagegenzusetzen. Könnte es sein, daß wir ein ›Festival der Monotheisten‹ inszenieren müssen? Um sie sich aneinander spiegeln zu lassen, solange bis einer anfängt – zu lachen. Pluralistischer Monotheismus. Warum nicht in einer Zeit, die behauptet, von Derrida soviel gelernt zu haben?

Depression – (K)eine Krankheit zum Tode

Sie werden fragen, was ein Literaturwissenschaftler zu diesem Thema beitragen könnte. Und ob es eine gute Idee ist, ausgerechnet einen solchen ›Aschermittwochsmenschen‹ wie mich damit zu betrauen – einen potentiellen Depressionsgeber ... Es sei denn, man sähe in mir schon einen zukünftigen – Patienten. Jetzt sagt man dazu ja ›Kunde‹. Lange her, die Zeit, als Studierende auch noch ›Studierende‹ genannt wurden. Jetzt sind wir alle Verkäufer und Verkaufte und sind mächtig stolz auf solche Professionalität. Doch zur Sache, falls wir nicht schon mitten drin sind: der Welt, der Gesellschaft, in der wir leben. Meine Absicht ist es nicht, mit ein paar literarischen Delikatesshäppchen abzuspeisen beziehungsweise tröstlich-besinnliche Bemerkungen über die großen kreativen Depressiven aus Kunst und Literatur zu machen. Die Namen sind ebenso beeindruckend wie einschlägig: Baudelaire, Hölderlin, Kleist, Lenz, De Nerval, Pasternak, Puschkin, Balzac, Dickens, Gogol, Hemingway, Hesse. Und auf diesem Sektor kommen auch die Frauen zu ihrem Recht: Emily Dickinson, Sylvia Plath, Anne Sexton, Inge Müller, Virginia Woolf. Und so fort. Doch dann wollte ich ein bißchen aktuell sein und begann das russische Roulette der Postmoderne zu spielen: ›Google‹.

Man gibt ein paar Such-Begriffe ein und harrt der Dinge.

Einschlägiger Autor: Burger, Hermann; Sachverhalt Depression: Treffer; Überschrift »Wie viel Burger verträgt der Mensch?« Eigentlich eine interessante Frage, die sich ausdehnen ließe nach dem Motto ›wie viel Tolstoi‹ oder ›wie viel Rilke‹, wie viel Fernsehen verträgt der Mensch, von Heidegger gar nicht erst zu reden. Doch auf den zweiten Blick stellt sich heraus, daß ›Google‹, die wunderbarste Denkprothese des Menschen, das Problem – assoziativ – bereits anderswo verortet hat. Denn natürlich ist zu lesen: Wie viel »Börger«, gleich ob von ›Mc Donald's‹ oder ›Burger King‹ verträgt der Mensch? Nicht der deutsche Büchner-Preisträger Burger steht im Zentrum des Googleschen ›Interesses‹, sondern die weltweit milliardenfach erprobte brisant Mischulanz von faschiertem Rindfleisch, gehärtetem Pflanzenfett, Sesamsemmeln, Schmelzkäse, Geschmacksverstärkern und vielem anderem mehr: der »Börger«. Jener Burger, der auf den Tag genau heute vor 50 Jahren den organisierten Großangriff auf die Gesundheit des Menschen startete.

Was war geschehen? Ein Suchmaschinen-Gehirnschlag? Mitnichten. Vielmehr hatte sich in einem Langzeitversuch des US-Amerikaners Morgan Spurlock, des Michael Moore des amerikanischen Junkfoods, etwas Erstaunliches herausgestellt. Vor seinem Versuch hatten drei voneinander unabhängige Ärzte dem Probanden exzellente Gesundheitswerte bestätigt. Nach drei Wochen strikter Burger-Diät sah die Sache ganz anders aus:

»Morgan wiegt um 12,5 Kilo mehr, sein Körperfettanteil ist von 11 auf 18 Prozent gestiegen, Cholesterin- und alle andern Werte sind besorgniserregend. Noch vor Ablauf des Monats rät ihm ein Arzt, das Experiment sofort abzubrechen, da seiner Leber irreparable Schäden drohen. Dazu wird Morgan depressiv und seine Freundin beklagt sich über aktiven Libidoschwund.«

Ich möchte mich hier nicht zu irgendwelchen monokausalen Zuweisungen versteigen. Aber das umgreifende Tristesse-Gefühl, das sich allein beim Betrachten Hamburger verschlingender Großfamilien einstellt, macht zumindest nachdenklich.

Es fällt nicht schwer, das Szenarium infernalisch zu intensivieren. Mit einem halben Dutzend Burgern im Bauch arbeitslos vor der Glotze: Talkshow, RTL I, RTL II, voll total. Abenteuer Großfamilie. Hör mal, wer da hämmert. Big Brother. Zehnte Staffel. King of Queens. Tuff. Talk. Yugi.gugi.do. – Wie viel TV-Burger verträgt der Mensch? Ohne mental zu veröden, zu verdorren?

Sie sehen, meine Assoziationen bewegen sich von der feierlichen Höhenkamm-Depression weg – hin zum potentiellen Massenphänomen Depression in unserer Gegenwart. Vielleicht nicht ganz zu Unrecht bezeichnen Forscher endogene Depressionen als »Stoffwechselstörungen im Inneren«, die zu einer Verzögerung der Impulsvermittlung des vegetativen Nervensystems führen. Massive körperliche Symptome sind die Folge. Eine Todeskrankheit, von der Hermann Burger sagt, man »könne daran eingehen wie eine Pflanze«:

»Die Depression ist schlimmer als der Tod. Sie ist der Tod mit offenen Augen. [...] Man hat keine Lider und ewig brennt das Licht. Man ist ein ›Verschollener‹, mit weißem Wachsein durchtränkt.«

Könnte es sein, frage ich mich, daß wir scheinbar unheilbar Gesunden, die Vital-Exhibitionisten dieser schneller-besser-weiter-Gesellschaft gegen diese unheilbar-heilbar Kranken eine Art von sozialer Apartheid-Politik betreiben? Und, weiter, könnte es so sein, daß viele von uns vermeintlich Gesunden an der Kippe stehen und bei genauerer Betrachtung mehr Gefährdete als Gesicherte sind, weit eher eine Art

Gesundheits-Mimikry betreiben als gesund sind? Traurige Verstimmungen drücken wir weg, Hemmungen therapieren wir uns polternd ab, Selbstvorwürfe, Ängste, Hypochondrien treiben wir uns von Kind an aus. Verlorenes, brüchiges ›Selbstwertgefühl‹ machen wir in der Regel ›undercover‹ mit uns selbst ab. Oder sollte es Zufall sein, daß – laut Statistik – die Zahl der psychischen Leiden sich seit 1997 um fast 70 Prozent gesteigert hat.

Ob alles das, was Goethe in *Faust II* über den Zustand sagt, für viele von uns zutrifft, nur in andere Worte gekleidet, anders erscheinend? Abgehobener, edler. Kennen wir ›Gesunden‹ nicht auch dieses »gefrorene Meer in uns«, zumindest im Anflug? Wir können uns noch wegducken. Es wegdrücken. Eigentlich ist es ein vertrautes Gefühl, kein fremdes, das Frau Sorge artikuliert:

»Wen ich einmal mir besitze,	
Dem ist alle Welt nichts nütze.	
Ewiges Düstre steigt herunter,	
Sonne geht nicht auf noch unter,	(Beharrungstendenz)
Bei vollkommen äußern Sinnen	(geistige Intaktheit)
[…]	(gemütsmäßige
Und er weiß von allen Schätzen	Verdunkelung)
Sich nicht in Besitz zu setzen.	
Glück und Unglück wird zur Grille,	
Er verhungert in der Fülle;	(Verarmungsgefühl)
Sei es Wonne, sei es Plage,	
Schiebt er's zu dem andern Tage,	
Ist der Zukunft nur gewärtig,	
Und so wird er niemals fertig.	
Soll er gehen? Soll er kommen?	(Entschlußunfähigkeit)
Der Entschluß ist ihm genommen.	
Auf gebahnten Weges Mitte	

Wankt er tastend halbe Schritte;	(Angst)
Er verliert sich immer tiefer,	(Grübelzwang,
Siehet alle Dinge schiefer,	Pessimismus,
Sich und Andre lästig drückend,	schwarze Brille)
Atem holend und erstickend;	(vegetative Symptome)
Nicht erstickt und ohne Leben,	
Nicht verzweifelt, nicht ergeben.	
So ein unaufhaltsames Rollen,	
Schmerzlich Lassen, widrig Sollen,	
Bald Befreien, bald Erdrücken,	
Halber Schlaf und schlecht erquicken	(Schlafstörung)
Heftet ihn an ihre Stelle	
Und bereitet ihn zur Hölle.«	

In prosaischeren Worten ausgedrückt: Ich zitiere die Aussage einer betroffenen Patientin, die an endogenen Depressionen litt und darüber wie folgt berichtet:

»Ich werde mit den Anforderungen des Lebens nicht fertig; fühle mich *dauernd* unglücklich, unsicher, *müde und überfordert* (obwohl meine Leistung immer mehr absinkt). Enorme geistige und dadurch auch zeitliche Leerläufe vermehren meine unerledigten Arbeiten, ohne daß ich diesen Zustand aus eigener Kraft ändern kann.
Nichts macht mir Freude, alles ist für mich sinnlos geworden, egal, ob es sich um Arbeit oder Freizeit handelt. Und ich komme da einfach nicht mehr raus. Und nicht mehr richtig an mich heran. Die andern spür ich nur so halb und mich auch.«

Dieses Engwerden um sich selbst und in sich selbst, das verstummende Sichwegducken, diese Analphabetisierung des Fühlens und Denkens ist inakzeptabel. Ich weiß nicht, ob und wie Kreativität und Depression miteinander zu tun haben. Ich weiß nicht, ob es Sinn macht anzunehmen, mit der Überwindung der Depression wäre die Kreativität gefährdet. Doch ich rate davon ab, den Zustand der Depression poetologisch zu stilisieren.

Was als Aphorismus befriedigt, ist für das ›wirkliche Leben‹ zerstörerisch. Ein Satz wie: »Ist man nur lange genug und resistent genug krank, wird die Gesundheit zum Dubiosesten, was sich vorstellen läßt«, liest sich weitaus komfortabler als er sich lebt. Und kaum einer hat das ästhetische Glück, seinem Zustand eine Sprachform abzuringen, die den Akt der »Genesung« geradezu verachtet.

Ich stelle es mir ganz sicher zu einfach vor, aber ich würde statt hundert weiterer gnadenlos-präziser Formulierungen des Zustands des mit »weißem Wachsein durchtränkt« Seins große, gemeinschaftliche Anstrengungen ersehnen, die Barriere zwischen uns ›Gesunden‹ und den ›Kranken‹ mutwillig und unermüdlich durchbricht, ohne jedes Wort auf die Goldwaage zu legen, ohne Betulichkeit, eher in Form einer liebend-energischen Dauerbelagerung, wie Werner Schneyder sie einmal paraphrasiert hat:

> »Schau, Franz, i bin bei dir; bist da du denn net zu schad? Laß
> die net anfach so falln, […] drahst du jetzt durch,
> du Depp. Schau, Franz,
> i bin bei dir; du machst uns a scheene Schand.
> Da bleib'n de Leut
> scho[n] steh[n] und sag'n: Na, der is scheen beinand! […]
> Schau, Franz, i bin bei dir; bleib da net lieg'n,
> steh auf! Was soll
> denn da draus wird'n? Auf da Gassn kannst do net plärn! Tua
> weida, Franz, kumm, kumm.«

Vielleicht auch mit ein bißchen artistischer Ironie, wie dies Georg Kreisler im Angesicht eines leidenden Professors versucht:

»Es wird alles wieder fein, Herr Professor,
auch allein, Herr Professor,
renkt sich's ein, Herr Professor.
Und Sie haben doch einen Kreis, Herr Professor,
von Bekannten überall.
Ja, ich weiß es ganz genau, Herr Professor,
auch ein Freund ist keine Frau, Herr Professor.
Doch die Frau war, Herr Professor,
auch kein Freund, Herr Professor,
das ist klar, Herr Professor.
Legen Sie sich etwas hin, Herr Professor!
Aspirin, Herr Professor?
Disziplin, Herr Professor!
Mit ein bißchen Disziplin, Herr Professor,
ist das alles ganz normal.
Es war immer so der Brauch, Herr Professor,
und das wissen Sie ja auch, Herr Professor,
daß man jemand' glauben muß, Herr Professor,
und am Schluß, Herr Professor,
gibt's Verdruß, Herr Professor.
Das hat's immer schon gegeben, Herr Professor,
und man muß es überleben, Herr Professor,
Ihre Arbeit ist jetzt wichtig, Herr Professor.
Was Ihre Frau tat, war nicht richtig, Herr Professor,
aber der Himmel wird sie strafen, Herr Professor.
Jetzt versuchen Sie zu schlafen, Herr Professor!«

Wir brauchen nicht nur, wie Kafka gesagt hat, Bücher, sondern auch Menschen, Stimmen, Gesten, Räume, Formen, Emotionen, Klänge, die das »gefrorene Meer« in uns aufbrechen:

»Da dem Depressiven, auch er ein gefrorenes Meer, die Freiheit genommen ist, sich umzubringen, empfindet er sich als Ausgestoßener der Schöpfung.«

Und ich glaube, genau an diesem Punkt können auch wir, die von der Sprache her kommen, konkret hilfreich sein, einfach um den Verlust der permanenten inneren Verbalisierung des dauernden internen und externen Zwiegesprächs abbauen zu helfen. Denn der aktive, gestaltende Umgang mit Sprache fördert die Fähigkeit der Relativierung der Kreation einer eigenen Selbst-Wahrnehmung ein bißchen.

So ein Stück gemeinsamen ›Hier und Jetzt‹- und ›Ich und Du‹-Gefühls wäre ein in Zeiten der vollmedialisierten Wirklichkeitssurrogate und depravierenden Elite-Vereinbarung vielleicht gar nicht so unwichtiger Beitrag zu dem Projekt, das heute beginnen soll: den Gefühlen eine Sprache zuzuordnen, dem Gespürten redend, schreibend auf den Grund zu gehen, mit Wörtern als Sonden nachzuspüren, sich seiner selbst wieder zu vergewissern ohne didaktischen Zwang, ohne öffentliche Kontrolle, aber doch so, daß wir von uns selbst wieder etwas zu spüren bekommen. Und uns vielleicht so fühlen wie Goethes Orest, der – nachdem er sich endlich zu seiner Geschichte bekannt hat – ein geradezu beglückendes Gefühl zum ersten Mal in Worte fassen kann:

> »Es löset sich der Fluch, mir sagt's das Herz.
> Die Eumeniden ziehn, ich höre sie,
> Zum Tartarus und schlagen hinter sich
> Die ehrnen Tore fernabdonnernd zu.
> Die Erde dampft erquickenden Geruch
> Und ladet mich auf ihren Flächen ein,
> Nach Lebensfreud' und großer Tat zu jagen.«

»Sechzig« – Fußball und Masochismus

Samstag 28. Juli 2001. Beginn der neuen Bundesligasaison. Der TSV 1860 München unterliegt vor heimischem Publikum gegen Kaiserslautern 0:4. In dieser Höhe, wie es von Kommentatoren-Seite heißt, doch überraschend hoch. Ich beobachte an mir eine gleichfalls überraschende Veränderung: das Debakel berührt mich kaum noch.

Keine Angst. Es ist zwar in letzter Zeit Mode geworden, daß sich auch Professoren und Intellektuelle zu Fußball äußern. Ich will aber eigentlich nicht diesem Trend folgen und jetzt die üblichen Literatengeschichten erzählen. Peter Handkes *Angst des Tormanns beim Elfmeter* interessiert mich genauso wenig wie Elfriede Jelineks *Sportstück*, das manches intellektuelle Gemüt ganz schrecklich aufgewühlt hat, weil es solch überraschende Einsichten eröffnet:

> »Sport! Der Sport ist die Organisation menschlicher Unmündigkeit, welche in siebzigtausend Personen gesammelt und dann über ein paar Millionen daheim vor dem Bildschirm ausgegossen wird.«

Noch nicht einmal an Walter Jens' gelegentliche Fußball-Exegesen mag ich denken. Es geht mir nun um etwas anderes, ganz und gar Unakademisches, Höchstpersönliches. Daß ich hier trotzdem davon schreibe, hat seinen Grund darin, daß ich mir nicht vorstellen kann, diese Probleme wären nur meine Probleme. Ich glaube vielmehr, es handelt sich um Phänomene, die übertragbar sind (cum grano salis) auf ein paar Millionen anderer menschlicher Wesen, die daran leiden und sich darüber freuen, daß es elf Menschen, elf ganz speziellen, genau gleich angezogenen Menschen gelingt, die gefleckte Lederkugel ein- oder zweimal mehr in das netzbespannte Lattengerüst ›Tor‹ zu versenken als dies elf andere, auch vollständig anders gekleidete Gegenspieler vermögen. Um hinter dieses Geheimnis zu dringen, nützen mir die gescheiten Analysen ebenso wenig wie die chronischen Beschwörungen. Sponsorenschelte, Medienschlachten, Marketingkriege und psychologische Studien bedeuten mir gleichfalls relativ wenig und auch ideologiekritische Aussagen, die Vermarktungstendenzen und Aggressionspotential beklagen, beinhalten keinen Erkenntnisgewinn, wenn ich zu erklären versuche, ob und warum einem dieser Stellvertreter Kick einen Kick zu geben vermag. Ein 60er Sieg ist mir nicht nur wichtiger als einer von Deutschland. Im Gegenteil – Sie sehen, ich mache bei meiner Fall-Studie vor nichts halt – eine Niederlage von Deutschland sehe ich nicht ungern, eine von *60* deprimiert mich tief. Deprimierte mich jedenfalls bis vor kurzer Zeit tief.

Warum? ›1860 München‹. Von außen gesehen ein durchschnittlicher Fußballverein. Eher im Mittelfeld der Liga anzusiedeln. Vor steingrauer Zeit einmal deutscher Meister. Und irgendwann einmal im internationalen Geschäft gewesen und gescheitert: Mai 1965 Europacup-Finale Wembley. Danach nach unten durchgereicht bis in die Regionalliga Süd, nach Hundejahren wiederauferstanden vom fußballerischen Scheintod und vor zwei Jahren aufgefahren in den Himmel der ersten Liga – seitdem dort im oberen oder unteren, gelegentlich untersten Mittelfeld und auch ganz am

Ende. Eigentlich nichts Besonderes. Und es ist wirklich kaum zu erklären, weshalb man sich hierüber überhaupt in irgendeiner Weise involvieren, gar erregen sollte. Und doch geschieht dies allwöchentlich in mehr oder weniger verhaltensauffälliger Form.

Erlauben Sie ein paar Beispiele aus der jüngeren Vergangenheit, um den normalen, oder als normal empfundenen Ablauf exemplarisch zu vergegenwärtigen.

Samstag, 14. Februar 1998. Nach der Winterpause fängt es nicht optimal an; im Gegenteil. Nach diesem Spieltag stehen »wir« beschämender- und grotesker Weise auf Platz 18. Das Spiel gegen Leverkusen endet nach 3:1-Führung bis zur 75. Minute mit 3:4. Die ganze düstere Größe oder auch monumentale Dummheit der ›Löwen‹ ist hier gleichsam modellhaft enthalten. In schwieriger Situation kämpferischer Wille, glücklicher Beginn, virtuose Einlagen – dann, urplötzlich überhebliches Erschlaffen, Nervosität (aus Überheblichkeit oder Unfähigkeit?) und der Rückschlag, die Vernichtung, der Absturz.

Danach gab's Tränen, Wut und wüste Beschimpfungen. Selbstkritik und Selbstzerfleischung. Im Fan-Restaurant pöbeln erregte Fans den eigenen Trainer an, der seinerseits vorher das Publikum ›angemacht‹ hatte. Der 1,93 große Manndecker mutiert zum zerknirschten Häufchen Elend, und die Presse orakelt düster über das ›Schlußlicht‹: Seit 1982 ist *der* Verein, der nach 23 Spieltagen Schlußlicht war, immer abgestiegen.

Was die persönlichen Gefühle betrifft, so glaube ich mich an jenen dumpfen Schmerz zu erinnern, jene tolstoische Mischung aus wütendem Selbsthaß und höhnischer Kälte, die, wenn ich zurückdenke, meine Wochenenden seit früher Kindheit begleitet. Kein gutes Gefühl. Aber ein sehr prägendes und sich ins Gemüt tief eingrabendes. Wie tief, habe ich erst bemerkt, als ich 1994 von München nach Tübingen umgezogen bin und zu meiner Verblüffung feststellen mußte, daß als einziges Gefühl ausgerechnet dieses mitgezogen war. Freundschaften, Erinnerungssentimente, Großstadtflair, Heimatgefühle – nichts davon war lebendig. Aber dieses allsamstägliche Wut-Verachtungs-Gemisch war noch immer vorhanden. Die Wunde. Die Wunde *60*.

Der Schmerz an diesem 23. Spieltag war groß, aber nicht grenzenlos. Denn das beschriebene Samstagsnachmittags-Gefühl ist weitaus komplizierter zusammengesetzt als bisher beschrieben. Das unmittelbar dazugehörige Komplementärgefühl trägt gleichfalls einen Namen: ›Bayern‹. An diesem Tag verbindet sich das große *60*er-Totalvernichtungsschmach- und Untergangs-Gefühl mit einem an Intensität auch nicht zu unterschätzenden kleinen, hämisch-giftigen Begleitaffekt. Zur Erklärung: das aufgeblasene Star-Ensemble der Münchner Bayern war von den kickenden Nobodies in Berlin geschlagen worden: Der Anfang vom Ende ihres Titel-Traums. Matthäus, Basler, Struntz und Scholl und Co. wurden als Gurkentruppe demaskiert. Wenig später wird der unglückliche Trainer Trappatoni jene berühmte Rede halten, in der er in rhetorisch atemberaubender Kühnheit die eigene Mannschaft der verdienten Lächerlichkeit preisgibt:

Die bestrafte überhebliche Dummheit der *60*er auf der einen und die lächerliche Arroganz der Bayern auf der anderen Seite ergeben zusammenwirkend ein einzigartiges Affektgemisch in den Eingeweiden des betroffenen Fans. Es sind sozusagen alle Gefühlszustände zugleich, die sich synchron ereignen. Emotionen, die an die Wurzeln gehen. An die Wurzeln der Biographie auch. Ein Psychoanalytiker würde in einer Therapie an mir (und uns) vermutlich seine

Freude haben. Längst vergessen, verdrängt Geglaubtes steigt allmählich wieder nach oben; frühkindliche Identitätsbildungs-Prozesse (oder -Defekte) auf der grünen Wiese geraten ins Blickfeld; Namen anderer formieren mein Ich: Brunnenmeier, Radenkovicz, Max Merkel – wir, also »mir«. Und die anderen. »Die ganz die Andern« – die Bayern. Die Aufsteiger, die Neureichen, die Protzen. Maier, Beckenbauer usw. Die Truppe der charakterlichen Kretins. Diese Zweiteilung der Welt setzte sich bis in die letzte Verästelung fort und im Kopf und Leib fest. Ob auf der Ebene der Farben (wir blau, sie rot) oder der politischen Gesinnungen (wir rot, sie schwarz) oder der menschlichen Gesamterscheinung (wir irgendwie sympathisch, sie menschlich eine Katastrophe) – stets war der Befund im wesentlichen derselbe und daran hat sich auch nichts geändert: anständig und hochbegabt (wenn auch gelegentlich glücklos) – »wir«. »Sie«: selbst in ihrem Erfolg unangenehm, Zufallstreffer en masse, neureich, vulgär im Witz.

Ein Vers von damals geistert mir durch die Erinnerung: der damals populäre Torwart Peter Radenkovicz, Panther von Giesing, berühmt und geliebt wegen seiner fußballerischen Genialität wie Unberechenbarkeit, sang damals auf Platte ein Lied, eine Hymne, welche ich mir bis zum Überdruß (vermutlich meiner Eltern) vorspielte, dessen Refrain in schlichter, aber suggestiver Knappheit lautete: »bin i Radi / bin i König«. Was ich mit einer durchgängigen Gewöhnlichkeit der Bayern meine, wird klar, wenn man deren Antwort auf diesen entzückenden kleinen Hymnus an fußballerisches Lebensgefühl dagegenhält. Da heißt es in dumpfer, CSU-naher Aggressivität: »Bin i Radi / Bin i Depp – König ist der Meier-Sepp!« Tiefschläge für ein sensibles kindliches Gemüt in den späten 50er/60er Jahren. Tiefschläge, die zu Selbstwertstörungen und Minderwertigkeitsgefühlen führten, welche sich ihrerseits gelegentlich in körperlichen Auseinandersetzungen entluden, was wiederum neue Tiefschläge produzierte. Mit anderen Worten: Die Spirale von Gewalt und Gegengewalt begann sich zu drehen.

Wenn ich das so schreibe, bin ich mir ehrlich gesagt nicht völlig darüber klar, ob ich es eher ironisch oder ernst meine. Ich denke, beides ist der Fall, und eines hebt das andere nicht auf.

Fahren wir in der desaströsen Chronik fort: Samstag, 2. März: Nachdem ich mir zwei Wochen zuvor zum neunundachtzigsten Mal geschworen hatte, in Zukunft dieses alberne und unwürdige, ja schlicht infantile Gebaren endlich aufzugeben, ist – ganz unerwartet – der Tag des *totalen Triumphes* gekommen. Tage dieser Art sind eher selten, vielleicht zwei-, dreimal im Jahr findet das Wunder statt: nämlich, daß *60* gewinnt und Bayern – gleichzeitig – verliert. Die lokale Presse titelt am 2. März: »Bayern Frust – Löwen Lust 0:2 (Köln) 2:0 (Duisburg)«

Wir jubeln mit den geflügelten Worten: »Hurra, wir leben noch!« Man könnte einwenden: Faktisch bedeutet dies nicht mehr als ein müder 16. Platz. Bemerkenswerter ist eine mentale Disposition herzustellen, die es erlaubt, einen 16. Platz bereits als Totaltriumph, als Wiederauferstehung von den Toten zu feiern, während ›die anderen‹ bereits den Verlust des 1. Platzes als Katastrophe empfinden. Im Duell ›Titelkampf versus Abstiegskampf‹ kommt dem Abstiegskampf zweifellos die größere, weil die existenziellere Bedeutung zu: »Sein, oder nicht Sein«. Es geht – mit dem Rücken zur Wand – ums nackte Überleben. Eigentlich fast immer. Jedenfalls verbindet sich in mir dieses trotzige Underdog-Aufbegehren, um sich selbst zu bestätigen, dieses ›noch leben wir‹ mit der Daseins-Form *60*. Dies in Verbindung mit der Fähigkeit – absolut unvoraussagbar – bisweilen genial, bisweilen unsagbar idiotisch zu spielen. Wie sagte einer der vielen reflexions- und analysefähigen Spieler von *60* so zutreffend: »Wir können gegen jede Mannschaft gewinnen, und wir können gegen jede verlieren.«

Am zweiten März jedenfalls war es ein Sieg, der aus Überlebensinstinkt geschah. Ein Journalist orakelt: »Eine erschreckende Feststellung: Die Löwen mußten erst auf den letzten Platz abstürzen, um den Ernst der Lage zu erkennen.« Was der Zeitungsmensch hier in dürren Worten ausspricht, ist eine ziemlich genaue Beschreibung der fatalen Mitgift, die jede längerfristige emotionale Bindung an diese Mannschaft zur Qual werden lässt. Wann immer man im gesicherten Mittelfeld der Mittelklasse aufatmen möchte, mündet dies in jähe Erstickung. Sobald man die Hoffnung aber aufgegeben hat, deutet sich eine Wende an, die dann doch auch vielleicht gar keine ist, sondern nur die Hoffnung darauf. Dieser latente Spannungszustand zwischen einem ins Absurde driftenden Prinzip Hoffnung, permanenter Existenzangst und begründeter Untergangsahnung in Verbindung mit einem weitgehend unbegründeten, parasakral unterlegten blauweißen Auserwähltheitswahn produziert jene etwas hybride mentale Disposition, die langjährige Fans der *Löwen* gelegentlich mit der Aura des Tragikomischen umweht. Die Losung »einmal Löwe, immer Löwe« wird zum fatalistischen Menetekel der Unentrinnbarkeit und damit zur Chiffre der Ausgesetztheit des modernen Menschen an sich. Die Blütezeit des Vereins in den späten 50er und frühen 60er Jahren fällt nicht von ungefähr mit der Phase der verspäteten deutschen Expressionismusrezeption zusammen. Das Prinzip *60* als allwöchentliche Reinstallation des

Sisyphos-Mythos überzeugt. Eine Dissertation zum hochinteressanten Thema *60 und Sartre* unter besonderer Berücksichtigung der frühfeministischen Schriften von Simone de Beauvoir steht noch aus.

Zurück zu den Fakten. 2. März: ich rekapituliere Lebenszeichen für *60* und Todesstoß für Bayern in einem. Deutsche Meisterschaft ade, jeder wusste das, der kollektive Blackout der hochdotierten Gurkentruppe löste in Deutschland kollektive und gar nicht mal so klammheimliche Schadenfreude aus. Löwen hier – Flaschen dort; was nun folgte, waren glückliche Wochen. Drei Niederlagen der Bayern in Folge und ein 0:0 gegen Bochum – die Flaschen-Wertung wurde zum ›running gag‹:

»*Lothar Matthäus*: Alt-Glas ist immer verwertbar. Dreiviertelvoll.
Michael Tarnat: Verkorkt. Nichts kommt raus.
Mehmet Scholl: Viel Schaum, fader Geschmack. Splitter am Flaschenboden.
Mario Basler: Reif fürs Recycling.
Ruggiero Rizzitelli: Fader Spumante. Leer-Gut.
Thorsten Fink: Scherbenhaufen.
Bixente Lizarazu: Wo ist die Pfandrückgabe?
Thomas Strunz: Über dem Verfallsdatum.«

»Hey – Super – Leergut« und »Scheiß-Millionäääre« – das waren neue Töne gegen die Champions in der Südkurve, die uns ›Losern‹ wie Öl runtergingen. Gut, zu diesem Zeitpunkt, 15. März, standen wir immer noch auf Platz 15, hautnah vom Abstieg entfernt, und an eben diesem Samstag wurde nach kurzem Aufschwung auch wieder bereits eine neue Niederlage eingefahren. Doch diese Niederlage gegen Kaiserslautern (damals noch im Zweikampf mit den Bayern um die Meisterschaft) wurde von ›uns‹ gefeiert und bejubelt wie ein

Sieg – und eben dies gibt zu denken. Einfache Rechnung: *60* verliert gegen Lautern, diese machen drei Punkte. Konsequenz: Bayern wird nicht Meister! Triumph der Torheit. Selbstschädigung aus purer Bosheit gegen den anderen.

Stichwort: Lokal-Rivalität. Seine Erfindung in England bei den Spielen oder Schlachten zwischen den Pfarrgemeinden von St. Peter und All Saints der mittelenglischen Stadt Derby. Tote, Schwerstverletzte waren bei diesen bereits ›football‹ genannten Auseinandersetzungen um eine luftgefüllte Schweinsblase die Regel. So groß waren übrigens die damals entstandenen Schäden an Menschen und Sachen, daß schon 1531 der Dichter Elyot schrieb:

»Zu verwerfen ist der Fußball, wobei es nichts gibt, als tierische Wut und äußerste Gewaltsamkeit. Daraus entstehen Verletzungen und demzufolge bleiben Rachsucht und Grausamkeit bestehen …«

Hier irrt der Dichter nicht, und es wäre gut, wenn man den Zustand der Lokalrivalität nicht immer durch den Euphemismus ›Haßliebe‹ beschönigen wollte, sondern sich mit der weitaus zutreffenderen Formulierung ›Haß pur‹ begnügen würde. Wie resümiert der Herausgeber Simander eines Standardwerks die Situation seit den 60er Jahren: Zehn *60*er in seiner Volksschulklasse, dreißig Bayern und jeden Montag, wenn sich die Ergebnisse rumgesprochen haben, Schlägereien auf dem Schulhof. Simander '66: »Manchmal fließt Blut, aber insgesamt sind wir überlegen.«

Ich komme – nach einem Zeitsprung – Mitte April zum emotionalen Höhepunkt der Saison. Lokalderby. Bayern ist, ähnlich dem Giftwurm, den man in den Staub getreten hat, in dem aber noch ein Funke übles Leben geblieben ist, wieder näher an Kaiserslautern herangekrochen. *60* inzwischen wieder in der gesicherten Abstiegszone auf

Rang 16. Ein Sieg über Bayern wäre Rettung und Todesstoß in einem.

Um es kurz zu machen: Wir verlieren 3:1. Es ist Ostern und das entscheidende Genickschlag-Tor zum 2:0 wird als »Ei des Jahres« in die Annalen eingehen. Löwen-Torwart Bernd Maier legt »geistesabwesend« einem schußbereit hinter ihm lauernden Bayern-Stürmer den Ball mehr oder weniger vor die Füße. Den anschließenden Tritt ins leere Tor hätte jeder Rentenempfänger in Skistiefeln zuwege gebracht.

In solchen Momenten öffnen sich die Schleusen der Erinnerung und alte Traumatisierungen erwachen zu neuem Leben. Es war, als ob die alten Schulhofverhöhnungen im Stile jenes »Bin i Radi, bin i Depp« in all ihrer miefig-hämischen kleinbürgerlichen Tücke wieder zu neuem Leben erwachten. Damit verbunden alle Demütigungen, die ein auch schulisch abstiegsbedrohtes Kind mit seiner unglücklichen Bindung an einen häufig abstiegsgefährdeten Verein als doppelte Belastung empfinden mußte. Die Misere als Lebensform oder Identitätsbildung qua verinnerlichter Dauerfrustration – wie auch immer man es nennen will. An diesem Tag jedenfalls schien alles verloren, und da war es nur ein schwacher Trost, daß auch der wie immer glückliche Sieger sich innerlich zerstört präsentierte und den achten Trainer in sieben Jahren feuerte.

Im nachhinein muß man sagen, die Niederlage war zu erahnen: Der Präsident hatte die Situation in einem Vorgespräch als ganz »relaxed« bezeichnet. Man weiß, daß sich in Zeiten geruhsamer Selbstsicherheit bei *60* immer Katastrophen vorbereiten.

Nachdem alle Hoffnung verloren war: die Rettung. Zwei Siege in Folge. Beinhartes Training. Am 4. Mai ist der Erhalt der Klasse gesichert. Stehende Ovationen. 13. Platz jedenfalls. Gerettet!

Eine solche Rettung im vorletzten Moment ist immer ein Prozeß, den ein gesteigertes Lebensgefühl begleitet: ist wie der Flugzeugabsturz, den man überlebt, weil man den Flug verpaßt hat. Ist wie der karnevaleske Tanz nach der großen Pest. Die rituelle Selbst-Verbrennung des Ur-Bösen in Gestalt der Bayern durch die reinigende Kraft des strahlenden Rächers. Es bildete den kathartischen Höhepunkt der Saison, dieses Bühnenweihefestspiels, was sage ich, des Dramas. Im aristotelischen Sinne: Reinigung von Mitleid und Schrecken. Trunkene Umarmung der Überlebenden, und am Ende steigen Gebete einer neuen symbolischen Ordnung auf: Die *60*er lassen siegen stellvertretend in Gestalt der ›roten Teufel‹ und beten gemeinsam mit ihnen ein feierliches »Otto unser«:

»›[...] geheiligt werden Deine Erfolge,
der Europacup komme,
Deine Erfolge geschehen,
wie zuhause auch auswärts ...‹

Die Zeitung ›Rheinpfalz‹ hatte in prophetischer Voraussicht eine Sonderausgabe gedruckt mit dem Titel: ›Zurück in die Zukunft‹. Die Stationen eines steilen Wiederaufstiegs: ›Gestern Meppen – heute München – morgen Mailand.‹«

Wie geht es weiter? Schwarzrot gewandete, mit kriegerischen Gesichtsmasken atavistisch geschminkte Scharen werden sich in Fahnenmeeren und leuchtenden Rauchbombengewittern schwarz-rot oder blau-weiß oder grün-weiß in wöchentlichen Ritualen vereinigen. Werden sich heiß gröhlen, bis zur Besinnungslosigkeit abfüllen, werden weinen, fluchen, wüten, jubeln. Dieselben Menschen, die den Rest der Woche zu mickrigen Buchhaltern, braven Ausfahrern oder trägen Professoren verkümmern. Wo da Berauschung endet und der Wahn beginnt, worin das Befreiende liegt und worin die Gefahr, mögen diese entscheiden. Ich weiß es nicht ...

Aber ich weiß, daß – zumindest der noch nicht völlig durchmerkantilisierte Fußball – ein unverzichtbares Refugium des irrationalen, atavistischen, absurden und infantilen Potentials im Menschen birgt und Tausende von symbolischen, ritualisierten Stellvertreter-Untergängen und -Auferstehungen in Serie liefert. Gottesdienste in ansonsten glaubensloser Zeit. Und: Die Dome dieser para-sakralen Berauschung, die Stadien, sind fast der letzte Ort, an dem so etwas wie ein kollektives Gefühl, hier und jetzt, wirklich noch existiert.

Es wird weitergehen in ewig gleichen Ritualen. Präsidenten (Trainer und Spieler) werden kommen und gehen – *60*, das Prinzip *60* bleibt. So dachte ich bisher.

Epilog/Nachspiel

Ich habe den Fehler begangen, mich als fanatischen *60*er in Tübingen zu outen, und so kommt es, daß einige Menschen mir zur Zeit dubiose Komplimente über die Erfolgsserie der Löwen zukommen lassen. Ich denke, die meisten wissen nicht, was sie da tun. Emotional stellt sich das Ganze nämlich als ziemliche Durststrecke dar. Noch nicht einmal die routinemäßige Niederlage gegen Bayern vor ein paar Wochen konnte mich aus dem Zustand katachthoner Starre lösen.

Besonders irritierend: Sie gewinnen (– sehen Sie, ich sage schon »Sie«, nicht »Wir«) jetzt auch *schlechte* Spiele. Dies ist ein echtes Alarmsignal. Bisher verband uns *immer* das

Ritual der empörten Trauer über tragische Niederlagen in glänzenden Spielen: »– aber wir ham *guut* gespielt ...«. Jetzt: Glückstreffer, Schiedsrichtergerechtigkeit, *Normalität*. Normalität. Professionalität. So wie die andern. Sind wir im Begriff, eine matte Kopie der Bayern zu werden?

Ich räume ein, jetzt bin ich in Gefahr, die Situation allzu skeptisch zu sehen. Es kann noch soviel geschehen. Innerlich gehe ich davon aus, daß wir den Anschluß an die Abstiegszone noch schaffen können. Ein verkorkster Wiederbeginn nach der Weihnachtspause und zwei, drei unglückselig verlorene brillante Spiele, und schon könnten sich wieder gewohnte Gefühle in großer Intensität einstellen.

P. S.: Triumph. Meine Hoffnungen haben sich erfüllt. Bereits nach dem ersten Spieltag stehen wir souverän an aller letzter Stelle. Das Spiel kann beginnen. Wir können wieder bei Null anfangen.

»Fußball ist nicht Krieg«

»[…] wie sich dann herausstellte, war das Badehaus vom Bahnhof im ganzen nur etwa zehn Gehminuten entfernt. Was ich auf diesem kurzen Weg von der Umgebung sah, fand alles in allem ebenfalls mein Gefallen. Im besonderen war ich über einen Fußballplatz sehr erfreut, auf einer gleich rechts vom Weg gelegenen großen Wiese. Ein grüner Rasen, die zum Spielen nötigen weißen Tore, weiß ausgezogene Linien – es war alles da, verlockend, frisch, in allerbestem Zustand und größter Ordnung. Wir Jungen haben dann auch gleich gesagt: na, da spielen wir nach der Arbeit Fußball.«

Von allen denkbaren Fußball-Idyllen ist diese kleine Szene die vielleicht makaberste, die je beschrieben wurde. Sie stammt von keinem geringeren als dem ungarischen Nobelpreisträger Imre Kertész, der sie in seinem genialen Buch *Roman eines Schicksallosen* erzählt. Denn die unscheinbare Episode, in der ein paar Jungs von 14, 15 sich plaudernd aufs gemeinsame Fußballspielen freuen, spielt – in Auschwitz.

Den Zuhörern, die Imre Kertész zum Auftakt des ersten *Forums der Welt-Literaturen* an der Universität Tübingen lauschten, stockte der Atem, als der Autor in seiner Lesung vom Überlebens-Spiel Holocaust berichtete, von Banalitäten, Zufällen, kleinen Tricks und Finten von denen der Ausgang einer Partie auf Leben und Tod abhing. Das Geheimnis: ein Stück ›Normalität‹ selbst in extremis herzustellen.

Wer sich heute in Deutschland anschickt über den Zusammenhang von Welt-Literaturen, Weltkulturen und Weltfußball nachzudenken, tut gut daran, vom Nullpunkt der Geschichte her zu beginnen. Der Nullpunkt trägt – überraschenderweise – den Namen ›Auschwitz‹, nicht den Namen ›Bern‹. Am Nullpunkt ist nicht vom Mythos die Rede, nicht von kollektiver Identität, nicht von neuem Nationalgefühl, sondern weit banaler, weit erschreckender von einem Fußballplatz auf dem Weg zur Gaskammer, also von der Täuschung bis zum letzten Moment.

Ein Fußballfeld signalisiert Sicherheit. Wo man sich die Mühe macht, Gras zu sähen, Linien zu ziehen, Strafräume genau zu bemessen, wähnt man sich auf der sicheren Seite. Dort kann es doch nicht um Leben und Tod gehen.

Der Schein trog. Und Imre Kertész, der als verhinderter Fußballer in Auschwitz und Buchenwald überlebte, hat die Aufgabe klar formuliert, eine Aufgabe, die beileibe nicht nur von Intellektuellen gelöst werden muß: »ob dieses Trauma in Form von Kultur oder Neurose in den Gesellschaften Europas weiterlebt.«

Zu den Techniken um mit dem Problem dieser Kultivierung umzugehen gehören der Sport und das Spiel, und zwar an vorderster Stelle. Denn Spiel ist auch ein Spiel mit Fiktionen; Christoph Ransmayr und Robert Schindel verwiesen auf entscheidende Momente der spielerischen Arbeit am »Mythos Auschwitz« (wie Kertész ihn nennt). Während Ransmayr in *Morbus Kitahara* zeigt, wie die Fiktion des ›Lager‹-Spiels zum Prinzip der Moderne wird und Perspektiven seiner Überwindung durchdekliniert, sprach Schindel im Zusammenhang mit *Gebürtig* von der Paradoxie, daß im Zeitalter der Reproduzierbarkeit sogar der Prozeß der spielerischen Rekonstruktion und Vergegenwärtigung dazu führen konnte, echte Gefühle herzustellen:

»Unser Leben ist eine Simulation. Und alles, was wir ernsthaft tun, Spiel. Wir machen Lebensspiele. Und Spiele der Liebe. Und Spiele des Kampfes. Das sind doch alles Rituale. Wir sind Nachspieler geworden.«

Und Fußball? Woraus erklärt sich seine besonders intensive Wirkung spielerisch an den Menschen heranzukommen? Ist es vielleicht doch das aggressive Potenzial, das wir im Sport suchen, gemäß der provokanten Losung des Trainers der portugiesischen Mannschaft Luiz Felipe Scolari: »Fußball ist Krieg«. Schindel konterte klug und engagiert:

»Fußball ist nicht Krieg, sondern ein hochritualisiertes Kriegs-Spiel, das die aggressiven Potenziale von Kollektiven weltweit absorbiert und kanalisiert. Wenn man will, ist es die perfekte Verwandlung einer tödlichen Feldschlacht in buntes Gewimmel, das Spaß macht. Natürlich sind Mannschaften keine Kampfverbände, aber sie ›schießen‹ mit dem Lederball und das Opfer steht wieder auf. Und selbst die gewalttätigen Hooligans sterben allmählich aus.«

Im redenden Zusammenspiel der sechs Autoren aus fünf Ländern kam es zu überraschenden Querverbindungen und Bezügen zwischen den auf den ersten Blick einander fremd gegenüberstehenden Welten des sprachlosen Fußballs und der sprachfixierten Literatur. Bei genauerem Hinsehen wurden die Koinzidenzen immer spannender: beides sind Simulationsräume von Wirklichkeiten, hautnah und gefühlsecht, und immer nur so *als ob* es um Leben und Tod ginge.

Auf dem Spielfeld ›Literatur‹ kann alles erprobt werden. Im Simulationsraum der Literatur darf jeder es riskieren, seine Wahrheit zu sagen, seine Möglichkeiten zu erproben. Auf den Spielfeldern der Weltliteraturen treffen sich einander unbekannte Kulturen, um sich miteinander auseinander zu setzen, sich ›spielerisch‹ zu bekämpfen, kämpfend miteinander zu spielen. Und frappierend, die Art und Weise, wie unterschiedliche Kulturen mit dem bißchen Material umgehen. Hier der Ball aus Leder, dort der aus Lettern, Lettern die die Welt bedeuten und dazu ein paar Regeln; aber: *wie* unterschiedlich kann er behandelt, wie unterschiedlich gespielt werden – defensiv zurückorientiert, explosiv nach vorn gerichtet, fair, brutal, kreativ, unkonventionell, ballverliebt oder pragmatisch.

Tankred Dorst, Claudio Magris und Herta Müller spielten virtuos andere Seiten des ungewöhnlichen Dialogs an: Dorst, indem er der Weltsprache des Theaters nachging: »Immer anders markiert und immer im Bund mit dem dritten Autor, dem Publikum, spielt man sich durch die Welt«. Sein großes Mythen-Stück *Merlin* zieht sich verwandelnd von Kontinent zu Kontinent: deutsche Gralswelt, afrikanischer Kral, Candomblé Kampfplatz – jeder Kulturkontakt führt zu einer überraschenden Metamorphose in einer unendlich vielfältigen Geschichte.

Oder Claudio Magris, der virtuose Grenzgänger, dem die Ambivalenz Lebens- und Arbeitsform geworden ist und das kulturelle Biotop Europa zum artistischen Spielfeld:

> »Ich kenne auch die Gefühle der anderen Seite. Ich bin ein Teil der Gefühle der anderen Seite. Jenseits der Grenze wird aus Liebe Haß, aus Haß Liebe. Aber jeder von uns überschreitet in jedem Moment bewußt oder unbewußt, sichtbare oder unsichtbare Grenzen.«

Wenn es darum geht, die eigene nur scheinbar gesicherte Identität spielerisch zu erweitern und zu testen – Claudio Magris weist Wege und wird nicht müde, paradoxe Szenarien zu skizzieren.

Ebenso wie Herta Müller, die aus ihrer inneren Distanz zum Sport keinen Hehl machte. Überraschend freilich, ihre Begründung:

»Jeder hat seine Rolle auf diesem Spielfeld. Und trotzdem passiert nur das Unvorhergesehene. Ich kann das nicht ertragen. Diese äußerste Verdichtung. Da ist dieses abgezirkelte Spielfeld. Und die Zeit. In der muß eine Entscheidung fallen. Und das Ende ist absehbar. Und es wird ungerecht sein. Einer unterliegt. Und alle schauen gleich aus. Ach, wie mir das Angst macht! Diese ungeheure Beschleunigung einer Biographie.«

Sagt sie und weiß ganz genau, daß sie den Kern trifft. Denn das ›als ob‹ des Spiels lebt von der Raffinesse der Simulation. Das Regelwerk ist Ritual. Wenn gespielt wird, hat die so genannte Wirklichkeit nur scheinbar Pause: die Sinne, die Sensorien bleiben aufs äußerste angespannt.

In den Werkstätten der Welt-Literatur-Entwürfe werden neue Lebensformen erprobt, gleiche und dennoch verschiedene Geschichten erzählt. Netze aus Wörtern, Texten und Zeichen gewoben. In diesem Laboratorium sollen ernsthaftspielerische Wege der ästhetischen Annäherung an andere Kulturen erkundet werden.

Fußball – das ist die große Illusion, sich notfalls auch ohne Sprache weltweit im Wesentlichen zu verstehen. Weltliteratur ist kreative und kritische Auseinandersetzung mit dem babylonischen Mythos des Mißverstehens und der sisyphosartigen Bemühung, verstanden zu werden.

Beide Rituale, das der Literatur und das des Spiels, können einander etwas geben. Die Literatur könnte am medialen Weltbezug des Fußballs partizipieren; Literatur tritt aus dem Elfenbeinturm der ›Kennerschaft‹ und stellt sich in die Arena. Der Fußball könnte teilhaben am kulturellen Knowhow der Literatur, an ihrer Fähigkeit, Verhaltensweisen sprachlich präsent und transparent zu machen, allzu Vertrautes zu verfremden, Fremdes zu erklären.

Der Blick auf das Fremde soll das Gefühl für das Vertraute relativieren, nicht eliminieren. Denn eine geschulte Wahrnehmungsfähigkeit für die Phänomene der Welt gehört zur intellektuellen Schlüsselqualifikation bzw. Grundausstattung dieses Jahrhunderts.

Und das haben diese beiden Spielformen ja wirklich gemeinsam: die Nähe zur Wirklichkeit, die Bodenhaftung. Literatur und Fußball können kein Weltethos predigen, haben mit Moral wenig im Sinn. Dafür viel mit Gefühlen, mit Macht und Ohnmacht, dummen Zufällen und überraschenden Wendungen, tragischen Verwicklungen, komischen Situationen, absurden Augenblicken und End-Spielen jeder Art. Der Fußball und die Literatur können den letzten Kick geben und die Lust an einer Wirklichkeitsvielfalt, die »einfach kompliziert« ist, eminent steigern.

Fußball – Ersatzkrieg oder Kriegsersatz?

Ist Fußball Krieg? Oder nur Ersatzkrieg? Oder Waffenstillstand? Oder spielerischer Aggressionsabbau? Oder gar friedenserhaltende Maßnahme und eine Art völkerverbindendes Großprojekt? Sedierende Katharsis oder Vorspiel zum Kampf? Hexenkessel oder Bannmeile der Aggressivität? – So oder so ähnlich könnte man das Problem ›Fußball und seine Wirkung‹ angehen und hätte nie ganz unrecht, aber auch nie ganz recht. Ähnlich wie bei gewaltgetönten Videospielen, bei denen die Experten ebenfalls bis jetzt nicht recht wissen, woran sie nun eigentlich sind: Fördert die virtuelle Gewaltdarstellung nun das wirkliche Gewaltaufkommen oder hilft es, Aggressivität im Ersatzraum schadlos abzubauen?

Vielleicht ist es ja so, daß jeder Krieg ein nicht mehr zustande gekommenes oder aus dem Ruder gelaufenes Fußballspiel ist. Andererseits würde wohl niemand ernsthaft danach fragen, ob Krieg nicht eine Art Fußball-Ersatz ist. Zumindest was die Terminologie betrifft, so gibt es jedenfalls krumme semantische Bananenflanken und stolprige verbale Doppelpässe zwischen Kriegs- und Fußballspiel in plakativer Hülle und Fülle: beides höchst »spermazoide« (Franzobel) männliche Rudelschlachten mit Schlachtenbummlern, Schlachtgesängen, Kampfstrategien, Heldenviten; mit Bollwerken, Mauern, Verstößen, Schüssen, Triumphen, überwältigenden Siegen, die ganze Nationen in hysterischen Taumel versetzen und vernichtenden Niederlagen, die kollektive Trauerarbeit für Millionen befördern. Psychopolitisch hat der Mythos ›Bern‹ den Mythos ›Auschwitz‹ überboten.

Man könnte, wäre es nicht etwas makaber, fast zu dem Schluß kommen, Fußball wäre kein Ersatzkrieg, sondern (wie der Brasilien-Trainer ja auch äußerte) Krieg, der eigentliche Krieg. Gar kein so schlechter Gedanke. Nicht Ersatzkrieg, sondern Kriegsersatz.

Soviel man weiß, gab es in der Antike oder noch im Mittelalter die Möglichkeit, statt einer Entscheidungsschlacht, in der Tausende zu Tode kommen würden, statt vieler, einige herausragende Helden stellvertretend gegeneinander kämpfen zu lassen.

Etwas von diesem Stellvertretungsmoment scheint mir auch im Fußball zu stecken: Er ist die ritualisierte, verkleinerte, zivilisierte und durch und durch geregelte Form eines permanenten Ersatzduells gegen alle möglichen denkbaren Feinde. Er ist ein auf Dauer gestelltes Miniatur-Waterloo, ein Kicker-Stalingrad. Und es kann fast nichts passieren. Die Uniformen sind bunt. Am Schlachtfeldrand steht das Rote Kreuz. Und wenn es ganz knifflig wird (hier endet der Vergleich) – pfeift ein allwissender, allentscheidender Schiedsrichter und entscheidet, wer recht, wer unrecht hat. Eine heile Kriegswelt, für lebenslange Kinder.

Vom Gebrauch der Kunst – Holzwege und Wege

Eine Annäherung von außen. Ein Versuch, dem Phänomen ›Kunsthandwerk‹ auf die Spur zu kommen.

Holzweg 1: Irgendwo zwischen Handwerk und Gewerbe: Töpfermärkte, Batik-Schals, Holzgeschnitztes, Schmiedegeeistes; etwas anthroposophisch Gerundetes, bestenfalls. Goldene Wasserhähne in Form pseudoantiker Schwanenschnäbel, schlimmstenfalls. – Nein, das ist, das kann Kunsthandwerk nicht sein.

Holzweg 2: Irgendwo zwischen ›Form im Raum‹ und Designer-Klamotten. Edel. Aalglatt. Trendig. Cool. Nobelmarke für Massenindividualisten, die es etwas anders als alle anderen wollen. – Nein, auch das kann Kunsthandwerk nicht sein.

Schon eher *Holzweg 3*: Eine unauffällige Randgruppe im Niemandsland zwischen Kunst und Handwerk, ein Hauch von ›Art International‹ und etwas von deutscher Art und Kunst. Kulturbiotop auf Tauchstation, kaum mit bloßem Auge wahrnehmbar. Von außen jedenfalls.

Tatsache ist, daß die Tatsache der Existenz des Kunsthandwerks noch nicht auf wirklich überzeugende Art ins öffentliche Bewußtsein eingedrungen ist – eine Ausstellung wie die heutige scheint diesem Befund zu widersprechen. Doch vor dem Hintergrund des tatsächlich vorhandenen

Potentials an Möglichkeiten kann dies nur ein erster Schritt weg vom Holzweg der Bescheidenheit sein.

Das Ende der Bescheidenheit. Eine Losung, die im Kreis all derer, die seit Jahren, Jahrzehnten in ihrer oft abseits gelegenen Werkstatt für einen kleinen Kundenkreis arbeiten, möglicherweise irritiert. Aber einem, der wie ich von außen kommt, ist es vielleicht gestattet, die Außenwirkung zu beschreiben und von jener ein wenig hochmütig-dezenten Resignation, jener zurückhaltend-bescheidenen Halbabgewandtheit zu reden, die viele Auftritte und Aktivitäten der Kunsthandwerker begleitet und die in merkwürdigem Gegensatz zu der Wichtigkeit ihrer Arbeit steht. Man denke etwa an die düster-sterile Atmosphäre des ›Berliner Museums für Angewandte Kunst‹.

Doch ich will nicht gleich von Markt und Marketing sprechen, von Positionierung und Profit, wohl aber auf einige Punkte aufmerksam machen, die mit der Bedeutung der Angewandten Kunst für die Gesellschaft zu tun haben.

Es gab in den siebziger Jahren einmal einen Traum, Beuys war einer der Träumenden, jeden zum Künstler zu machen, das kreative Potential *aller* zu beflügeln. Ein vielleicht utopisches Projekt, aber eines mit Zukunft – eigentlich sogar eines mit Gegenwart. Und wenn auch nicht jeder sich als Künstler erweist, so doch viele – und mir scheint dies wichtiger – als Wesen, die mit all ihren Sinnen mit Kunstobjekten leben. Mit ihnen leben, das heißt sie im Alltag erleben. Keine Vitrinen. Keine Museen. Kein weihevolles kunstinteressiertes Umschreiten. Sondern – horribile dictu – sie benutzen. Sie anfassen. Mit ihnen etwas machen. Sie tragen, auf ihnen sitzen, aus ihnen trinken. Sich mit ihnen schmücken. Sie gebrauchen. Sie brauchen. Manchmal alle Tage.

Problematisch ist dies in der Tat nur aus Sicht derer,

die noch immer das spätromantische Bild der Kunst als Ausnahmezustand, als parasakralen Akt besonderer Sinnstiftung, als ekstatisch-auratisch-ästhetizistisches Feiertagsritual kolportieren. Und richtig. Mit ›l'art pour l'art‹ hat ›Angewandte Kunst‹ wirklich nichts zu tun. Daraus zu folgern, sie hätte nichts mit Kunst zu tun, ist freilich ein fast böswilliger Fehlschluß. Und doch ist ein spürbarer ›haut goût‹ zu bemerken, achtet man auf die Art und Weise, in der die Hüter der ›reinen‹ Kunst und ihrer Tempel den Kontakt zu Gebrauchs-Kunst-Objekten meiden. Es ist, als ob sie das Einsickern von Außenluft in den hermetischen Binnenraum des Kunst-Kosmos fürchteten.

Nun macht es manchmal ja durchaus Sinn, sich von den Umarmungen des Marktes und der Macher abzugrenzen. Mitte des 19. Jahrhunderts, als man sich von den Kräften eines alle Lebensbereiche überwältigenden, rabiaten Kapitalismus freimachen mußte, das ›Schöne‹ als das ›Bizarre‹ (Baudelaire) und das ›Bizarre‹ als das ›Widernatürliche‹ entdeckte und provokativ gegen die Normen der Bourgeoisie und der Gründerväter setzte, war dies der Fall. Damals waren Nippes, Kunstgotik, Makart-Sträußchen und anbiedernde Sozialsentimentalität das Angriffsziel der Kunst, die es in die Sezession trieb, während die Kunstgewerbeschulen nicht zufällig dem Wirtschaftsministerium unterstellt wurden, in dessen Verantwortung sie wohl auch heute noch sind. Es mag den Spätfolgen dieser Trennung zuzurechnen sein, daß Kunst und Kommerz einander in Deutschland lange Zeit besonders distanziert gegenüberstanden. In jüngster Zeit hat sich dies ganz radikal geändert: Der Kunstmarkt boomt, während das Kunst-Gewerbe, das Kunsthandwerk noch immer etwas im Abseits steht. Es ist an der Zeit, diesen paradoxen Zustand nicht länger passiv hinzunehmen, sondern aktiv zu gestalten und eine substanzielle Alternative zu Massenkonsum, Uniformität und Seriengefühlen wirkungsvoll in Szene zu setzen – etwa durch intensive Kommunikation nach außen (ob durch Schaufenster oder Zeitschriften).

Es wäre m. E. grundsätzlich falsch und sogar marktstrategisch verfehlt, sich als Angewandter Künstler im nächsten Umfeld der Design-Produktion positionieren zu wollen: Abgrenzung tut Not und hilft auch, die eigene Arbeit besser zu verstehen. Und der kleine Unterschied beinhaltet auch hier den prinzipiellen, denn die kleine Abweichung stellt die größte Revolte gegen das dominierende Prinzip der Mega-Auflagen, der Serialisierung des Weltgefüges dar. In den Legebatterien mancher Design-Fabriken werden ›Originale‹ als Massenware ausgebrütet. Paßgenau, auf den Bruchteil von Millimetern identisch, Zehntausende aparter Stühle, Hunderttausende eigenwilliger Kaffeekannen für Millionen exzentrischer, nonkonformistischer Eigenbrötler und Masseneremiten. Wahrlich, die Kunstingenieure des Besonderen im Zeitalter seiner Reproduzierbarkeit leisten ganze Arbeit. Von Köln bis San Francisco, Mailand bis Tokio in jedem Laden dieselbe, flächendeckend globalisierte Originalitätstrophäe. Das Prinzip des Fließbandes hat auf ganzer Linie gesiegt und zeitigt Auswirkungen bis in das Paradox der massenhaften Gestaltung von erlesenen ›Kunst‹-Produkten. Kettenmarionetten sind wir geworden. Ganz Gallien ist globalisiert? Ganz Globo-Gallien? Nein, in einem von unbeugsamen Menschen bevölkerten Dorf hört man nicht auf, Widerstand zu leisten …

Sie kennen die Geschichte. Aber wir leben nicht 50 vor Christus, sondern 2000 danach, und es ist auch kein heroischer Widerstand nötig. Aber Widerstand schon. Denn der

Sog der Serienkultur ist enorm, und die Reproduzierbarkeit, von der Walter Benjamin noch mit Hoffnung gesprochen hatte, hat ihre Klimax noch nicht erreicht. Erst wenn wir alle mental durchgestylt und verklont sein werden, ist die von Orwell in *1984* oder von Huxley in *Brave New World* prognostizierte Endstufe erreicht, und wir werden lauter gleiche auf gleiche Bedürfnisse mit gleichen Wahrnehmungen und gleichen Gefühlen eingestellte Serienindividuen geworden sein. Noch sind wir nicht soweit. Und das Bedürfnis, sich dem ästhetischen und sozialen Reproduktions- und Klonierungsautomatismus zu entziehen, beginnt deutlich spürbar zu werden.

Auf dem fünften ›Trendtag‹ (Hamburg, Mai 2000) etwa registriert eine Vordenkerin und Trend-Setterin ein steigendes Bedürfnis nach Unterscheidung und stellt eine wachsende Unlust an der uniformen Warenwelt dar:

»Das Design beginnt, kein Mehrwert mehr zu sein. Design ist einfach zu gegenwärtig, überall, im ganzen System ... Zu viel Design, zu viel Zucker im Blut. Die Konsumenten beginnen zu stocken ... 17 Prozent der Menschen sind bereits gelangweilt und ärgerlich beim Einkaufen. Es entsteht das Einkaufswaren-Wut-Syndrom.«

Gesucht werden, so die Analystin, demgegenüber »Seelenfenster«, neue, persönlich belebte Entwürfe, Eigen-Artiges, Authentisches. Selbst Massenprodukte werden im Stil dieser neuen ›Wertekommunikation‹ angepriesen: »I am mac. We are back. We are different. Think different.« – Hallo, hier sind wir. Keines wie das andere. Unverwechselbar; lauter Originale. Keine Fakes. Alle Formen. Alle Farben. Alle Stoffe. Transparent und nichts zu verbergen. Falls es nötig ist, dies zu sagen: ich spreche schon längst nicht mehr von ›apple‹ oder ›mac‹, sondern zum Beispiel von denen, die hier ausstellen: ich spreche von den Kunsthandwerkern und den Angewandten Künstlern, den Grenzgängern zwischen Kunst und Handwerk, den Handwerkern mit besonderem Anspruch, den Herstellern von Unikaten, den Unterschieds-Fetischisten, den Virtuosen des Einzel-Stücks, den Widerspruchs-Akrobaten der ›kleinen Serie‹, den Oberflächen-Wahn-Sinnlichen ... Wenn es sie nicht gäbe, sie müssten erfunden werden: Menschen- und Gestalt-gewordene Antwort auf das Konsum-Dilemma der Postmoderne.

Und ich möchte noch einen Schritt weiter gehen. Viel ist derzeit die Rede von dem neuen Bedürfnis nach Sinngebungen und verbindlichen Symbolen. In der Sprache der Kommunikationsexperten ist nicht nur von den »hard facts«, sondern mehr noch von den »soft facts«, die Rede, die die Dinge vermitteln. Wie Image, Lebensgefühl, Stil. Der Medientheoretiker Norbert Bolz spricht von der »Wirtschaft des Unsichtbaren« und prognostiziert: »Im 21. Jahrhundert werden in der westlichen Gesellschaft nicht Bedürfnisse befriedigt, sondern Wünsche und Phantasien ...« Es entstünde, so Bolz, ein »Konformismus des Andersseins«, ein »Kult der Aura«. In der postkapitalistischen Gesellschaft suche nicht mehr die Idee nach Kapital, sondern das Kapital suche die Ideen, Visionen ...

Genau an dieser Stelle, wo das Bedürfnis nach Eigen-Art fast pseudoreligiöse Dimensionen erfährt, verlassen wir das postmoderne Konsum-Laboratorium und gehen in die Werkstatt zurück: denn Objekte der Angewandten Kunst sind gottlob weder Aura-Automaten noch Spiritualitäts-Amulette, sondern konkrete Dinge mit einer geheimnisvollen Botschaft. Sind Material, Materie und zugleich der Versuch, die Materie zu überwinden, mit ihr zu spielen oder die Grenzen des Materials zu überschreiten; sind Medium und ›message‹, sind Gestalt gewordene Überlistung falscher Alternativen: ›Kunst‹ oder ›Natur‹, ›Funktion‹ oder ›Form‹, ›Zweck‹ oder ›Freiheit‹. Hier lösen sich die Gegensätze auf höchst gegenständliche Art und Weise und fast ganz ohne theorielastige Gebrauchsanweisungen. Spielerisch wird Wirklichkeit be-griffen und Wahrnehmungsphantasie freigesetzt. Fast wäre man versucht, an Schillers Programm einer »ästhetischen Erziehung des Menschen« zu denken, wenn dies nicht allzu belehrselig klänge. Doch im Grunde geht es genau darum: durch das Besitzen und Besetzen eigener, einzelner Dinge jederfrau und jedermann einen kleinen authentischen, konkreten Kunst-(T)Raum-Bezirk zu eröffnen. Ohne elitäres Gepränge, ohne sakralen Schwulst. Mit viel Ironie. Und Sach-Verstand. Ohne Scheu, ohne Angst. Vor allem ohne Berührungs-Angst.

Angewandte Kunst ist nichts anderes als die alltägliche Anwendung von Kunst. Ist materialisierter, taktiler Dialog. Ist Kommunikation pur, weil sie Kommunikation für Einzelwesen ist. Verstehen Sie mich nicht falsch. Ich meine nichts Verinnerlichtes, nichts Elitäres. Ich meine im Gegenteil etwas sehr Demokratisches, Basis-Demokratisches. Gerade im Zeitalter der virtuellen Wirklichkeiten und der beginnenden Produktion von Klonen ist es von entscheidender Bedeutung, die eigene Erfahrung jedes einzelnen wieder zu schulen. – Oder wollen wir von Gefühlen, Erfahrungen und Berührungen aus zweiter Hand leben?

Wenn eine funktionierende, lebendige Demokratie wirksam arbeiten soll, braucht sie lebendige Menschen, die wissen, *wer* sie sind. Die wissen, *was* sie sehen, spüren, denken. Was zu ihnen gehört, was zu ihnen paßt. Was sie wollen. Was sie nicht wollen. Das lernt sich nicht durch Appelle und forderndes Gehabe. Das lernt sich, wenn man die Menschen und die Dinge spürt, fühlt und als einzelne Wesen erlebbar macht. Bitte, tun Sie das und be-greifen Sie auch diese Ausstellung als ein kleines Stück ästhetischer Erziehung zu Menschen.

Die Lebenswissenschafts-Lüge

An deutschen Universitäten herrscht derzeit Umbruchstimmung. Selbst an Traditionsuniversitäten wie Tübingen wird derzeit heftig umgebaut und umgeschichtet – nicht weniger als 90 Stellen stehen zur Diskussion –, gesperrt und gestrichen. Auch wenn sich der Trend weg von den Kultur-, hin zu den sogenannten ›Lebenswissenschaften‹ nicht derart direkt bestätigen sollte, so ist doch heftige Unruhe und Irritation entstanden. Die Diskussion kommt auch in der vorlesungsfreien Zeit nicht zur Ruhe: Es geht um nichts Geringeres als um die Ausrichtung, das Profil dieser Institution für die nächsten Jahrzehnte. Letztlich kein schlechtes Symptom, dieses Streiten um die Sache. Auch wenn man nicht allzu sehr auf Hölderlins Prophetie, wonach das ›Rettende‹ stets dann erwüchse, wenn die Gefährdung am größten sei, bauen sollte. Dieser Logik zufolge müßte die Universität derzeit eine Sicherheitsbastion sein – und davon ist nun wirklich nichts zu spüren.

Immerhin ist die Zeit der ganz großen Torheiten scheinbar vorbei: Keiner sagt mehr wie noch vor zwei Jahren, daß man das Studium ›kurz und knackig‹ wolle. Jetzt spricht man mehr von wissenschaftlicher ›Exzellenz‹; neuerdings hat man noch was draufzusetzen: ›Lebenswissenschaften‹. Keine Geringere als die Bundesministerin für Bildung und

Forschung, Edelgard Bulmahn, hat, wie es in diversen Verlautbarungen heißt, das Jahr 2001 zum »Jahr der Lebenswissenschaften« ernannt. Lebensabend, Lebenshilfe, Lebenslüge, Lebensborn – die deutschen Komposita auf ›Leben‹ haben eine nicht nur glückliche semantische Geschichte. Wortfügungen in Sachen Leben haben es in sich, und dies gilt auch für den neuen Kultbegriff der ›Lebenswissenschaften‹, der ausgerechnet zu einem Zeitpunkt Furore macht, da man entschlossen scheint, einigen anderen Wissenschaftszweigen das Leben zu nehmen. Oder es ihnen jedenfalls spürbar zu erschweren, und so ist die jüngste Tübinger Diskussion um den Status der Geisteswissenschaften mehr als nur ein Symptom.

Zwar ist auch in Bulmahns Projekt davon die Rede, daß der Begriff der Lebenswissenschaften auch die Systeme der sprachlichen Vermittlung umfasse. Doch außer den offenbar unvermeidbaren metaphysischen Sphärenklängen und Sprechblasen des Philosophen Peter Sloterdijk – zweifellos der Oswald-Spengler-Verschnitt unserer Tage – bekommt man im öffentlichen Raum kaum etwas zu hören. Außer natürlich den obligatorischen Stimmen aus der Welt der Konfessionen, die die obligatorischen Appelle der Unverletzbarkeit der Würde des von Gott geschaffenen Individuums in Umlauf halten. In etwa nach diesem Schema pflegen auch die von Bulmahn imitierten »Groß- und Satellitenveranstaltungen« zu verlaufen, wenn Experten über die Disziplinen hinweg ins Gespräch gebracht werden sollen. Die Naturwissenschaftler selbst spielen dabei zumeist eine eher defensive Rolle, in der auf die – noch – vorhandenen Grenzen der Machbarkeit verwiesen wird.

Ein etwas unergiebiges Diskussionsritual, was möglicherweise auch daran liegen könnte, daß die theologisch grundierte Ethos-Debatte, die derzeit die naturwissenschaftlichen Möglichkeiten und Gefährdungs-Potentiale kommentierend begleitet, die ungeeignetste Diskursform ist, um den kritischen Fragen sachgerecht zu begegnen. – Eine Erfahrung, die spätestens seit dem ›Fall Galilei‹ hinreichend bekannt ist, dennoch nichts an der absurden Praxis geändert hat, die Kirchen wann immer es um Phänomene jenseits ihrer Kompetenz zu tun ist, pflichtschuldigst zu befragen.

Daran ändert auch die vergleichsweise reflektierte Einlassung des früheren DFG-Präsidenten Wolfgang Frühwalds nichts, der von einem regelrechten »Kulturkampf« zwischen »szientistisch-sozialdarwinistischem und christlich-kantianischem« Menschenbild sprechen zu müssen glaubt. Umgekehrt versucht der Münchner Moraltheologe Wolfgang Graf den sich anbahnenden Konflikt zu entschärfen, indem er gutgläubig und wohlmeinend rät, die Vokabel ›Kulturkampf‹ zu vermeiden, so als ob mit der Tilgung des Begriffs auch das Problem gelöst wäre. Beide Reaktionsweisen sind Indikatoren dafür, daß die sogenannte ›Bioethikdebatte‹ (auch) in ihrem fortgeschrittenen Stadium nach rückwärts gewandt operiert. Wie insgesamt Fragen der neuen Technologien (von der Embryonenforschung bis hin zur Informatik) im Dunstkreis spättheologischer Restbestände und begrifflicher Reliquien verhandelt werden.

Tatsache ist, wir verfügen derzeit noch über keine den Sachverhalten, die in den kommenden Jahren zu erwarten sind, angemessene Sprache: Fachsprachliche Verschlüsselungen, metaphysischer Begriffsblätterteig und moralische Appelle jedenfalls sind eher Beleg für sozialen Analphabetismus, zumindest Anachronismus des aktuellen Sprachverhaltens: die Politik schließlich als rhetorisches Weltkind in der Mitte unternimmt matte Syntheseversuche zwischen Nutzen, Gefahren, Profit; resümierend wird zumeist für eine Art »friedlicher Nutzung der Genomenergie« argumentiert. Das Ganze hat bisweilen den Klang einer Mischung von Schlußresolution des G8-Gipfels und Kirchentagston.

Der sprachliche Offenbarungseid, die linguistische Aphasie darf nicht das Ende sein. Es wäre gerade in diesen Jahren, wenn es darum geht, den wissenschaftlichen Erkenntnisruck zu sozialisieren, die Erkenntnisflut der Technologien in den Lebenswelten der Gesellschaft zu positionieren, von entscheidender Wichtigkeit, die Phänomene wirklichkeitsnah zu versprachlichen. Eine solche Versprachlichung nämlich ist die Voraussetzung dafür, die Phänomene reflektierbar zu machen, sie in ihrer Bedeutung für den Menschen zu erklären: Nun, da die DNS des Homo Sapiens entschlüsselt zu sein scheint, müssen die Erkenntnisse selbst aus ihrer formelhaften Erstarrung oder Sprachlosigkeit gelöst und dechiffriert, das heißt zur Sprache gebracht werden. Sonst droht in der Tat die Gefahr eines lebensgefährdenden technologischen Blindflugs der sogenannten ›Lebenswissenschaften‹ mit möglicherweise tödlichem Ausgang.

Eine Sprache, die der Aufgabe gewachsen ist, die Fakten und Phänomene der ›harten‹ Lebenswissenschaften aufzugreifen und zu kommunizieren, wird nicht zuletzt deshalb so wichtig sein, weil ihr unter anderem die Aufgabe zukommt, Hoffnungen, aber auch Ängste, Vorbehalte, Mythisierungen (z. B. Gen-Debatte) in der Gesellschaft aufzugreifen und zu benennen, das heißt disputierbar zu machen.

Dies kann also nicht die Stunde altbacken-verkrusteter Frontenbildung, zum Beispiel zwischen Natur- und Humanwissenschaften sein. Es ist im Gegenteil darum zu tun, die

Kompetenzen auf beiden Feldern zu fördern und miteinander in Berührung zu bringen. Ein intensiver Dialog zwischen ›Lebenswissenschaften‹ (im engeren Sinne) und ›Sprachwissenschaften‹ (im weitesten Sinne) könnte die Debatte neu dimensionieren. Nicht Umgewichtung oder Umschichtung vom vermeintlich weniger aktuellen Schauplatz auf den zukunftsträchtigen Markt darf das Gebot der Stunde sein. Im Gegenteil, ein neuer Pakt zwischen Zahlen- und Wort-Wissenschaften, zwischen »Kybernetik und Gespenstern« (Italo Calvino), systemischer und imaginativer Intelligenz ist dringend renovierungsbedürftig: von Leonardo bis Calvino reicht das Spektrum dieser Begegnungen; und es sind durchaus nicht nur die science-fiction-Autoren im Stile eines Stanislav Lem, in denen Zukunfts-Welt-Fragen zwischen den Disziplinen verhandelt werden: Hans Magnus Enzensberger und Perec (Mathematik), Umberto Eco (Semiotik/Informatik) Michel Houellebecq (künstliche Intelligenz) stehen am vorläufigen Ende eines Weges, der im 20. Jahrhundert mit Broch und Musil begann.

Wenn wir nicht im unbefriedigenden analytischen Niemandsland zwischen moralischem und moralisierendem Appell auf der einen und zynischer Aufwiegelung auf der anderen Seite, verkürzt: zwischen Rom und Karlsruhe enden wollen, ist es hohe Zeit, die anderen Wortwissenschaften zu Wort kommen zu lassen. Die Literatur zuallererst. Ihre Argumentation bewegt sich im besten Fall jenseits von ›Gut‹ und ›Böse‹, jenseits von ›political correctness‹, jenseits der Wünsche, Rücksichtnahmen, Konventionen und Formulierungsautomaten. Hier werden die Ränder der Wörter ertastet, die Mechanismen der Wahrnehmungen transparent gemacht, die Ideologien ausgehebelt, die professionellen Denkraster gesprengt. In Zeiten der Globalisierung als Nivellierung ist ein Teil der Literatur in der Tat die Einfallsstelle für Dekomposition des Festgefügten und so gesehen der einzige Ort, an dem an einer Sprache gearbeitet wird, die der neuen Wissenschaftswirklichkeit gewachsen sein könnte.

All dies kann nicht durch die anfangs skizzierte Ausdünnung geleistet werden, sondern nur durch Intensivierung der intellektuellen Energien. Vielleicht wäre es an der Zeit, sich der diskreditierten Kategorie der ›Gesellschaftsrelevanz‹ behutsam wieder anzunähern und Literatur auch als Instrument der Wahrnehmungssondierung und -schulung über die Fachgrenzen hinweg zu gebrauchen. In Zeiten der Restauration des Kanons und des spürbaren Rückgangs an praktizierter Interdisziplinarität (nur mehr ein Viertel der von der DFG unterstützten Projekte sind interdisziplinärer Art) sicherlich eine Forderung, die hierzulande eher zurückhaltend aufgenommen wird. Gilt es doch selbst innerhalb ein- und derselben Fakultät fast schon als Nachweis von Professionalität, wenn man von anderen Fachvertretern *nicht* verstanden wird. Die Chance eines umfassenden gestalterischen Umbaus auch der Universitäten sollte jetzt genutzt werden: Der Eröffnungsvortrag Wolf Singers, seinerzeit Direktor am Max-Planck-Institut für Hirnforschung, auf dem 43. Deutschen Historikertag ließ aufscheinen, was in Zukunft möglich sein könnte, wenn sich einander traditionell eher distanziert gegenüberstehende Wissenschaften mutig begegnen würden. Die Art, wie hier hirnphysiologische Prozesse und erinnerungstechnische Gestaltung der Wirklichkeitskonstruktion in Bezug gesetzt werden, erklärte mehr als Dutzende von Spezialvorträgen innerhalb der jeweiligen Fächer. Entsprechend sinnvoll und spannend wären ähnliche Verschränkungen etwa zwischen Literaturwissenschaft und mathematischer und sprachlicher Informatik, Biogenetik, Philosophie, Literatur … nicht nur in Graduiertenkollegs für die ›happy few‹, sondern als »Grundkurs Lebenswissenschaften«.

Von Stupidex und Korrifax – (K)eine Satire über eine Evaluation

Tübingen. Als die Mitteilung aus dem Ministerium zum ersten Mal gekommen war, hatte sie im Kollegenkreis nicht viel mehr als Heiterkeit erregt. Einer umfassenden ›Evaluation‹ solle das ehrwürdige Philosophische Seminar unterzogen werden – einer Ewaluawas hatte einer gefrotzelt, und ob man vielleicht Statistiken und Produktionsziffern mitteilen solle, was im allgemeinen akademischen Gelächter des Fakultätsrats schon unterging.

Genau dies wolle man vollziehen, hieß es dann im wenige Wochen danach folgenden zweiten Anschreiben des Ministeriums. Denn um Effizienz der Ausbildung und Lehre zu überprüfen, hätte man nunmehr ein führendes Wirtschaftsunternehmen der Halbleiterbranche damit beauftragt, das Seminar in den kommenden Monaten zu ›evaluieren‹. Keinem Geringeren als dem Herrn Minister selbst, so war zu erfahren, sei die Sache eine Herzensangelegenheit. Und da man ja wisse, daß dieser nach seiner mißglückten Hochschullaufbahn auf diese Institution nicht eben gut zu sprechen sei, gälte es, seiner Befindlichkeit Rechnung zu tragen und ihm entgegenzukommen – zumal er ja auch bereits, seit mehreren Monaten in seinem hohen Amt, einer der erfahrensten und dienstältesten Ressortleiter sei.

So wurden alle verfügbaren Energien eingesetzt, um in

vergleichsweise rascher Zeit entlegene Daten herbeizuschaffen, um den anreisenden Fachleuten professionell entgegentreten zu können. Für diesen Zweck stellten Dekan und Direktor ihre sonstigen Aktivitäten in Forschung und Lehre weitgehend ein, um sich dem heiklen Geschäft der Datenerhebung entsprechend ernsthaft widmen zu können. Kommissionen wurden gebildet, um das Zahlenmaterial in Bezug auf Produktionsziffern über mehrere Jahrzehnte exakt zurückzuverfolgen, wobei sich alles auf die Frage konzentrierte, wie viele Studierende (S) sich in wie vielen Semestern (T) aufgrund welcher Veranstaltungen (V) welcher Professoren (P) durch welche Prüfungen (Ex) mit welchen Noten (N) begeben hatten. Dieser so genannte *Stupidex*-Normalwert galt als Koeffizient, der den Effizienzgrad des ›Unternehmens Philosophie‹ bis auf zwei Dezimalstellen exakt faßbar machen würde, wobei jedes Resultat unter 2,01 tolerabel, jedes darüber desaströs für die Zukunft der Universität sein würde. In einer ersten internen, streng geheimen Vorbesprechung des innersten Kommissionskreises wurde nach wochenlanger Recherche offenbar, was mancher im Stillen befürchtet hatte: Ein *Stupidex* von 2,25 schien unvermeidbar. Während ein auch sonst für vorschnelles Handeln übel beleumundeter Kollege zur spontanen Selbstaufhebung des ganzen Faches riet, um der Katastrophe eines Aufruhrs der durch diese schockierenden Zahlen unvermeidlich in Panik geratenden Öffentlichkeit wenn nicht zu entgehen, so doch zuvorzukommen, riet ein in diesen Dingen Erfahrener zu behutsamer Modifikation. Dies würde zwar einigermaßen aufwendig sein, lohnte aber jeden Einsatz, wäre es doch darum zu tun, das ohnehin beschädigte Bild in der Öffentlichkeit vor Verunglimpfung zu schützen.

Die Subkommission, die sich daranmachte, den so genannten ›Korrekturnormfaktor‹ zu erstellen, den *Korrifax*, wie er im kollegialen Umgang sarkastisch-humorig bald nur noch noch genannt wurde, schloß sich zweckmäßig mit dem Rechenzentrum kurz, um in den Genuß der fachlichen Beratung durch neueste mathematische Modelle der Statistik (ein Abfallprodukt aus Arbeiten zur Struktur des Kosmos) zu kommen; die juristische Fakultät wurde zum Dauergesprächs- und Beratungspartner in allen Fragen datenrechtlicher und rechtlicher Natur. Unnötig zu sagen, daß der Lehrbetrieb mittlerweile weitgehend suspendiert war, um Störungen durch wissenschaftliche Belange weitestgehend auszuschließen.

Nach vierwöchiger Klausur (in deren Verlauf zwei, allerdings schon immer als zerrüttet geltende Ehen zweckmäßigerweise endgültig gelöst wurden sowie nach dem Zusammenbruch des vordem fälschlich als belastbar geltenden Fakultätsassistenten) war das Gröbste geschafft. Es war gelungen, den ›*Korrifax-Stupidex*‹ auf beruhigende 1,89 Punkte zu senken.

Die Statistik wies glaubhaft aus, daß Arbeitstage von durchschnittlich 20 Stunden die Regel, von 24 bis 26 Stunden täglich jedoch keine seltenen Ausnahmen waren, daß die Prüfung im Regelfall im 31. Fachsemester abgelegt wurde und daß die durchschnittliche Lebenserwartung von Ex-Ordinarien (*Senil-Index*) bei 96 Jahren lag. Mit solchen Ergebnissen konnte man sich beruhigt der Öffentlichkeit stellen. Auch die Berufsevaluatoren zeigten sich beeindruckt, und man überreichte dem Minister nach einem Jahr harter Arbeit das druckfrische Dokument, nicht ohne auf der zu diesem Zweck einberufenen Pressekonferenz die erfreulich vorurteilsfreie Zusammenarbeit zwischen Industrie und Universität als ersten Schritt in eine neue Zukunft zu loben.

Bedauerlich war in diesem Zusammenhang lediglich, daß der Herr Minister es versäumte, dieser kleinen Zeremonie beizuwohnen. Aus ministeriell gut informierten Kreisen war zu hören, er betrachte die ganze Angelegenheit als einen ›Schuß in den Ofen‹ und plane nun, systematischer vorzugehen: Nur durch eine gestaffelte Folge von in Fragemodus und -richtung völlig widersprüchlicher, im Ziel nie genau auszumachender Untersuchungen mußte es gelingen, den Lehr- und Forschungsbetrieb der Universitäten vollständig lahm zu legen; seitdem vergeht keine Woche ohne ein neues Zeugnis einer globalisierten *Stupidex-Maximus*-Aktion unter dem Begriff ›System zur Tilgung von Restintelligenz‹ an Universitäten und THs allerorten. In der Tat zeigen sich erfreuliche Wirkungen. Ohne allzu optimistisch sein zu wollen, darf doch festgestellt werden, daß ein beachtlicher Teil der Kollegenschaft sich bereits der wissenschaftlichen Obliegenheiten zu entledigen beginnt, um mit wachsender Begeisterung zu veritablen Leistungsträgern einer vollautomatisch gesteuerten Selbstverwaltung zu werden, deren intellektuelle Höhenflüge eine nahezu traumhafte Dimension der Effizienzkonstrukte erwarten lassen. Der Tag, an dem die erfolgreiche Reduktion der Fächer durch Auto-Evaluation bis zum Nullpunkt erfolgt ist, ist ein Stück näher gerückt.

P.S.: Unmittelbar nach Publikation des Artikelchens in der FR wurde der Verfasser von der Leitung seiner Universität gelinde gemaßregelt. Er versprach, fürderhin zu verstummen und jeden geforderten Schwachsinn sprachlos auf dem Dienstweg zu vollziehen.

P. P. S.: Die mittlerweile eingetretene Realität läßt diese 1997 entstandene kleine Satire als geradezu rührend erscheinen.

Laudatio zur Verleihung des Würth-Preises für Europäische Literatur an Herta Müller

Laudationes zeichnen sich ja häufig durch einen Ton getragener Vornehmheit aus. Ich denke, es wäre der falsche Ton für Herta Müller. Denn bei ihr geht es nicht um abgehobenes Feuilletongeplänkel, kennerschaftliches Literatentum oder Zielgruppengewäsch. Bei ihr geht es zunächst um eine *Haltung* den Dingen und Menschen gegenüber.

Eine Haltung, das heißt eben nicht: ein demonstrativer moralischer Gestus. Vor allem keiner in der Art eines ›hier stehe ich und kann nicht anders‹. Denn Herta Müller kann immer auch noch ganz anders. Vor allem, wenn man ihr dumm kommt und sie in irgendeine landsmannschaftliche, gesinnungsartige, politische Ecke zu stellen oder sonst wie zu vereinnahmen versucht. Und von Vereinnahmungsversuchen und Zumutung war ihr Leben und ihr Schreiben von Beginn ihrer Arbeit bestimmt. Ich habe sogar den Eindruck, ihre Literatur, ihre Art sprachlich zu reagieren, war von Anfang an ein Akt ästhetischer, sprachlicher und zugleich existenzieller Notwehr. Jeder, der einen ihrer Texte in die Hand nimmt, spürt das und bekommt das zu spüren. Als »niederschmetternd wortgewaltig« hat ein Rezensent sie beschrieben, als »schmerzend genau« ein anderer. Ihre Bücher machen manchen Angst und bezaubern und irritieren selbst hartgesottene Literaturkritiker: spröde, schonungslos, schroff sind häufig Begriffe, mit denen man sie und ihre Arbeitsweise zu charakterisieren versucht hat.

Und ich räume ein, es gibt Tage, an denen sollte man Herta Müller lieber nicht lesen, denn kaum jemand kann so tröstungs-frei und hoffnungs-los wie sie über die Sachen der Welt schreiben – auf den ersten Blick ohne eine Spur von Sinngebung, bergender Perspektive oder mythischer Verhüllung. Auch ohne anschmiegsame Adjektive und heimelige Bilder. Doch an den allermeisten Tagen, an den guten Tagen, macht es – ja, ich wage es zu sagen – großen Spaß, Lust, Herta Müller zu lesen: weil man zu spüren bekommt, wie eingerostet und festgefressen die eigene Wahrnehmung geworden ist; weil man genauer hinzuschauen lernt und die immense Wichtigkeit von Details neu fassen kann; weil man mit einer Brille aus unbestochenem, scharf geschriebenem Glas besser sieht, genauer hinschaut, ein Gespür für die Gleich-Wertigkeit der Dinge bekommt und dabei alles andere als gleichgültig bleibt.

Woher dieser ganz besondere, unnachahmliche Stil kommt? Zwei Vermutungen nur hierzu: Die Schule der Diktatoren scheint eine mindestens so gute sprachliche Schule zu sein wie die des katholischen Beichtstuhls: Im Verhör und unter Überwachung wird Sprache bewußter erlebt, raffinierter gehandhabt als im Normalverkehr. Herta Müllers Schreiben ist mit den Bedingungen der Unterdrückung aufgewachsen und sie ist – daran gewachsen. Die zweite Vermutung über den doppelsinnigen Sprachreichtum Herta Müllers führt zurück in die bikulturelle Situation der deutschsprachigen Enklave ihrer Herkunft. Im Schlepptau der Muttersprache, als Sprachschatten, das Rumänische; als Schreib- und Arbeitssprache immer Deutsch, ein Deutsch, in dem jedes Wort eine zweite, rumänische Bedeutungsnuance mitträgt; es braucht jetzt keine Beispiele, um die latente Doppelstimmigkeit und Hintersinnigkeit der Sprache als provozierende Bereicherung beim Mithören zu erfahren.

Bei Herta Müller passiert nie, was selbst ein Tankred Dorst fürchtete: daß sich die Geschichte über ihren Erzähler beklage, daß er sie falsch erzähle, daß er ihr zumindest sprachlich nicht gewachsen sei – und sich ihm verweigere. Die Phrase der Übereinstimmung von Form und Inhalt wird von ihr immer neu überprüft, in Frage gestellt und auf neue Art beantwortet: zuletzt in den Gedichten, Text-Bild-Kollagen, in denen nicht mehr geschrieben wird, sondern ausgeschnittene Wort-Bruch-Stücke nebeneinander gestellt werden. Wort-Material mit unverputztem Zwischenraum: Scherenschnitte in einem ganz neuen Sinn.

Herta-Müller-Lektüre bedeutet immer auch eine Lektion im Curriculum des Zwischen-den-Zeilen-, Zwischen-den-Wörtern-Lesens. Die Art und Weise, in der sie in ihren Texten insistent nach Wunden, Bedeutungsverzweigungen, Spuren, Schrunden unter dem Geflecht der Begriffe sucht und die Doppelsinnlichkeit nicht nur behauptet, sondern zeigt, ist Ausdruck einer einzigartigen Poetik, der es gelingt, Terminologien zu durchleuchten, zu scannen, sie durchschaubar zu machen. Was sie so seit Jahren als Wortbaumeisterin zusammenstellt, ist der zu Schreib-Technik gewordene Ausdruck einer Intention, die seit ihren ersten Texten da ist, ist ihre Signatur, ihre Wahrnehmungs-Hilfs-Schulung für uns alle – besonders in Zeiten unübersehbarer (und nicht nur sprachlicher) Dürftigkeit. High-tech-Dürftigkeit.

Wenn von solchen Defiziten die Rede ist, nickt man gerne einverständig und greift zum nächsten Schlagwort, holt weit aus und schlägt zu: ›postmoderne Beliebigkeit‹, ›Fundamentalismus‹, ›Subjektivitätswahn‹ ... – Wo die Schlagwörter enden, beginnt die Arbeit großer Literatur, beginnt Herta Müllers Arbeit. Solche Literatur steht ja nie für allgemeine Gesinnungen, sondern immer für höchst-persönliche Wahrnehmungen, nicht für ›entweder–oder‹, sondern etwas viel Schwierigeres: ein ›sowohl als auch‹, das kein verwaschenes ›sowohl-als-auch‹ ist, sondern ein glasklarer Befund über den Zustand der Dinge.

Solche Literatur ist kein Propagandainstrument, sondern eine einzige ideologische Entzugs-Erscheinung und kein gedanklicher Monolith, sondern ein mentales Puzzlespiel. Kein Ich-Festiger wie ein Haar-Festiger, sondern ein Ich-Entwicklungshelfer. Ist ein permanenter sprachgewordener Protest gegen Einwicklungsverfahren und Verschleierungstechniken jeder Couleur. Der Schauplatz, das Kampf- und Spielfeld dieser poetischen Aufklärungs-Kampagne ist *die Sprache*. Die Sprache, die mehr und Anderes ist als ein grammatikalisch korrekt kanalisierter Wortfluß, als ein stilistisch perfektes Artefakt(otum).

Herta Müller geht den Wörtern an die Wurzeln: reißt sie aus dem ideologischen Humus, topft sie neu ein. Sie weiß: Die Sprache hat ihre Unschuld längst verloren. Der Zustand, als die Dinge genauso hießen wie sie waren und genauso waren wie sie hießen, die Zeit, als die Worte direkt auf den Dingen lagen, ist längst Vergangenheit.

Es geht ihr um etwas, das man anders nennen möchte. Um eine Tiefendimension der Wortlosigkeit, die ganz innen, im Gehirn, im limbischen System beginnt, in den Eingeweiden. Dort, wo die ›Angst‹ sitzt, wo die Fragen gestellt werden, die uns umtreiben, dort wo wir die Dissonanz, die Nichtübereinstimmung zwischen ›draußen‹ und ›drinnen‹ im Kopf orten: die ausgedachte Angst, die ausgedachte Welt, mit der man sich genauso herumschlagen muß wie mit der draußen. Daß diese, die eigentliche Parallelwelt, im Kopf stattfindet, haben die Neurowissenschaften überaus eindrucksvoll nachgewiesen. Spiegelneuronen feuern genauso stark, wenn wir uns etwas ›nur‹ vorstellen, ›nur‹ beobachten, uns etwas ›nur‹ einreden. Man könnte, was Herta Müller instinktiv und systematisch tut, sogar davon ausgehen, daß es so etwas wie eine umgestülpte Mimesis gibt, bei der nicht der Künstler die sogenannte Wirklichkeit nachahmt, sondern die Wirklichkeit, eine Art von Wirklichkeit herstellt.

Das Besondere: Herta Müller gehört nicht zu denen, die es bei aller Verspieltheit dazu treibt, es beim Spiel zu belassen. Es ist zumindest ein Kampf-Spiel, was da zwischen innerer und äußerer Wirklichkeit stattfindet. Und die Sprache, die verlorene und die unverlorene Sprache, züngelt, tastet, stochert ruhelos zwischen den beiden Sphären der Wirklichkeit hin und her. Ist Lackmus-Streifen und Sensor, Seismograph. Krake. Werkzeug. Spielzeug. Denn Herta Müller weiß: Wenn der Großteil am Leben nicht mehr stimmt, stürzen auch die Wörter ab:

»Ich hab die Wörter abstürzen sehen, die ich hatte und war mir sicher, daß mit ihnen auch die abstürzen würden, die ich nicht hatte.«

Weil sie solch eine ist, die listig, kunstvoll haarscharf am Absturz entlang schreibt, und zwar scheinbar ganz leicht, spielerisch, wie das alle großen Artisten in den Zirkuskuppeln der Weltkunst tun.

Weil sie eine selbstironische *Wahrnehmungsschulmeisterin* ist.

Weil sie mit ihren sprachlichen Schlittschuhkufen giftscharf und hochelegant durch die Softeisflächen unserer Gewohnheitswahrnehmung fährt …

Dafür wollen wir ihr diesen Preis geben.

Und um einem möglichen unterirdischen Grummeln gleich zuvorzukommen – »Was hat das mit Europa zu tun?« – noch dieser Nachsatz:

Was ›Europa‹ und das ›Europäische‹ und gar der europäische ›Geist‹ ist, weiß dieses Europa allem Anschein nach derzeit selbst nicht mehr ganz genau. Nur in den grobmaschigen, dickfelligen, plakatwandgroßen Schlingen verfangen wir uns noch. Dabei könnten wir schon wissen, wenn wir es denn wissen wollen, wo Europa anfängt und wo es mit Europa aufhört. Und daß Europa mit einem ganz speziellen Muster der ausdifferenzierten ›Wahrnehmung‹ zu tun hat: mit Erfindung, Selbsterfindung, einer subtilen kleinräumigen Verweigerung zu verallgemeinern, mit der Fähigkeit, durch einen akrobatischen Sprung den niederfallenden Schlagbäumen des dogmatischen Denkens auszuweichen. Weiterzufragen, nachzuhaken: wie Heinrich Heine in seinem Gedicht *Zum Lazarus*:

»Also fragen wir beständig,
Bis man uns mit einer Handvoll
Erde endlich stopft die Mäuler –
Aber ist das eine Antwort?«

Wenn ich diese Chiffre verwende, um Herta Müllers Wahrnehmung zu beschreiben, tue ich dies, wie ich hoffe, ziemlich nüchtern. Europa ist keine Leitkultur, die andere belehren will, sondern eine Anleitung zum selbst Denken. In diesem Sinne ist es mit Europa ähnlich bestellt wie mit seinem großen Mythos, der Aufklärung: Beides muß sich erst noch verwirklichen. Was nur durch Menschen geschehen kann, die den Mut haben, sich *ihres eigenen Verstandes* zu bedienen und in die Labyrinthe der eigenen Wahrnehmungsmechanik tabulos einzudringen.

Derzeit gibt es Tendenzen, störrisch und verstockt Gleiches mit Gleichem vergelten zu wollen. Westliche Intellektuelle fordern »mit einem Anflug von Reconquista-Groll«, Eindeutigkeit zu demonstrieren, das Prinzip der Gleich-Gültigkeit unterschiedlicher Wertsysteme für beendet zu erklären. Man operiert mit der wahnwitzigen Vorstellung, den Westen, Europa aggressiv in Stellung zu bringen. Dies wäre das Ende, nicht der Triumph der europäischen Aufklärung. Wir würden mental hinter Lessing 1773 zurückfallen. Wie hofft sein Saladin im *Nathan*, wenn er von einer Zukunft ohne Vormünder, Väter, Führer träumt:

> »wir sollten uns beizeiten
> nach einem umsehen, der mit
> uns um die Wette leben will.«

Rechas Satz (ihr gilt er) könnte auch Hertas Satz sein: »mit andern um die Wette leben«. Wenn dies eine europäische Losung sein sollte, die Formel eines internationalen Kulturraums großen Zuschnitts und mit klaren Positionen und Konturen – die Arbeit und das Leben Herta Müllers würde ihn glaubhaft und persönlich verkörpern!

Textnachweise

Warum die Welt Literatur braucht
Eröffnungsrede zum 4. Tübinger Bücherfest.
Gehalten am 25. Juni 2004.

Fremdbestimmt und dummgemacht –
Das Ende der Fun-Gesellschaft und was dann?
Rede zum Präsentationstag der Hochschule für Gestaltung Bern/Biel am 23. Mai 2002.

Heinrich Heine zum 150. Todestag –
Stadtneurotiker, Dauerexilant, Unruhestifter
In anderer Form erschienen in »Literaturen«, Ausgabe 1/2 – 2006.

»Knochen-Hebräisch« – Celan-Lektüren
Zur Präsentation der Tübinger Celan Ausgabe am 20. November 2005. Die Zitate stammen aus den jeweiligen Gedichtbänden bzw. dem Band »Der Meridian« der Tübinger Celan Ausgabe.

»Unser Auschwitz« – Tabu und Tabubruch als Marketing-Konzept. Eine Glosse vom Rand der Philologie.
Ursprünglich geplant für Frankfurter Rundschau, dort nicht erschienen, vorübergehend in eine Festschrift ausgelagert. Jetzt überarbeitet hier.

»Make Peace not Love« –
eine Begegnung von Amos Oz und Izzat Ghazzawi in Tübingen
Amoz Oz und Izzat Ghazzawi trafen im Rahmen der 13. Tübinger

Poetik-Dozentur vom 17.01. bis zum 25.01.2002 zusammen. Der Aufsatz versucht etwas von der besonderen Atmosphäre dieser Begegnung wiederzugeben.

Magische Verdichtung – Sebalds Wirklichkeitsbeschwörungen
Zur Eröffnung der Ausstellung »W. G. Sebald 1944–2001. Lebensstationen eines Autors« am 8. Juni 2004 in Reutlingen. Beinhaltet Mitschriebe der damals weitgehend unveröffentlichten Beiträge zum »Tübinger Literatur-Forum« zur »Europäischen Kultur« (Februar 1992).

»Auf der Suche nach der Poesie« –
Peter Härtling zum 70. Geburtstag
Rede gehalten im Landestheater Tübingen (LTT) am 21. November 2003.

»Was nach mir kommt, hat es schwer« – Zu Thomas Bernhard
Rede gehalten am 30. Juli 2004 zur Eröffnung der Ausstellung »Thomas Bernhard und seine Lebensmenschen« in der Kunsthalle Tübingen.

Tübingen, 9. November
Rede gehalten am 9. November 2005 auf dem Tübinger Synagogenplatz.

»Sie wollt ich schon immer verbrennen« –
nationalsozialistische Bücherverbrennung und ihre Vorgeschichte
Vortrag auf Einladung des Fördervereins Stadtbücherei Mössingen e.V. am 9. Mai 2003 in der Aula des Quenstedt-Gymnasiums Mössingen zur Erinnerung an die nationalsozialistischen Bücherverbrennungen 1933 und die Folgen.

»Ich bin ein Europäer« –
Formel ohne Inhalt oder Zukunfts-Losung?
In anderer Form erschienen in: »Hoffnung Europa. Strategie des Miteinander« Hrsg. von Global Marshall Plan Initiative. Hamburg 2006.

Altneuland Europa – Kanon eines komplexen Kontinents und sein ›jüdisches Erbe‹
Rede gehalten auf Einladung der Hermann-Cohen-Akademie im November 2004.

Depression – (K)eine Krankheit zum Tode
Vortrag zur Auftaktveranstaltung des »Bündnis gegen Depression« am 10. April 2005.

»Sechzig« – Fußball und Masochismus
Vortrag im Rahmen einer Studium Generale Vorlesung in Tübingen (Sommersemester 2000).

»Fußball ist nicht Krieg«
Als Glosse in »Anstoss« Nr. 1 (Zum 1. Forum der Welt-Literaturen in Tübingen, 30.06.–02.07.2004)

Fußball – Ersatzkrieg oder Kriegsersatz?
Glosse vom Januar 2006

Vom Gebrauch der Kunst – Holzwege und Wege
Vortrag am 30. September 2000 in Schwäbisch Hall.

Die Lebenswissenschafts-Lüge
Zur Eröffnung der Ausstellung »Tübinger Köpfe«.

Von Stupidex und Korrifax – (K)eine Satire über eine Evaluation
Erschienen in der Frankfurter Rundschau.

Laudatio zur Verleihung des Würth-Preises für Europäische Literatur an Herta Müller
Rede gehalten am 23.2.2006 in Stuttgart.

Autor und Verlag bedanken sich beim Universitätsbund Tübingen
für die großzügige Förderung dieses Buches.

ISBN 3-937667-74-1

Umschlaggestaltung: Christiane Hemmerich Konzeption und
Gestaltung, Tübingen.
Herstellung, Gestaltung und Satz: niemeyers satz, Tübingen.
Druck und Einband: Pustet, Regensburg.

Mehr über das Verlagsprogramm von Klöpfer & Meyer finden Sie unter:
www.kloepfer-meyer.de